中华先贤人物故事汇

林则徐

孙启华 著

中华书局

图书在版编目（CIP）数据

林则徐/孙启华著. —北京：中华书局，2022.8（2024.5 重印）
（中华先贤人物故事汇）
ISBN 978-7-101-15559-4

Ⅰ. 林… Ⅱ. 孙… Ⅲ. 林则徐（1785～1850）-生平事迹
Ⅳ. K827＝52

中国版本图书馆 CIP 数据核字（2022）第 002320 号

书　　名	林则徐
著　　者	孙启华
丛 书 名	中华先贤人物故事汇
责任编辑	朱　玲　董邦冠
责任印制	陈丽娜
出版发行	中华书局
	（北京市丰台区太平桥西里 38 号　100073）
	http://www.zhbc.com.cn
	E-mail：zhbc@zhbc.com.cn
印　　刷	三河市宏达印刷有限公司
版　　次	2022 年 8 月第 1 版
	2024 年 5 月第 4 次印刷
规　　格	开本/787×1092 毫米　1/32
	印张 4½　插页 2　字数 50 千字
印　　数	7001-10000 册
国际书号	ISBN 978-7-101-15559-4
定　　价	22.00 元

出版说明

　　孔子周游列国，创立儒家学说；张骞出使西域，开辟丝绸之路；书圣王羲之，留下了曲水流觞的佳话；诗仙李白，写下了"举头望明月，低头思故乡"的名篇；王安石为纠正时弊，推行变法；李时珍广集博采，躬亲实践，编撰医药学名著《本草纲目》……

　　这些杰出的历史人物，有的是在中华民族文明进程中做出过突出贡献、对后世产生过巨大影响的思想家、政治家，有的是对中华优秀传统文化的传承传播发挥过重大作用的文学家、艺术家、科学家，有的是为国家安定统一、民族融合团结和中外文化交流做出过杰出贡献的军事家、外交家……他们为中华民族的繁荣发展做出了伟大的贡献，他们的行为事迹、风范品格为当世楷模，并垂范后世。

他们是中华民族的先贤人物。他们的思想、品德、事迹，是中华优秀传统文化的结晶；他们的故事，是对中华民族的禀赋、特点和气质最生动、最鲜活的阐释；他们的名字，在五千年中华文明史上最为光彩夺目；他们为五千年中华文明史书写了最为光辉灿烂的篇章。

为了解先贤，走近先贤，我们精心组织编写了这套《中华先贤人物故事汇》丛书，以翔实可靠的史料为依据，细腻动人的故事为载体，真实地呈现中华先贤人物的事迹、品格和精神风貌，彰显他们的贡献和功绩，激发人们对国家民族的热爱，对中华文明、中华优秀传统文化的崇敬。

开卷有益，期待这套丛书成为你的良师益友。

目 录

导　读

　　林则徐（1785—1850），禁烟民族英雄，字元抚，又字少穆、石麟，福建侯官（今福州）人。在中国近代史上，林则徐以"虎门销烟"的壮举而蜚声中外。然而，林则徐跌宕起伏的一生却常被人忽略。

　　道光十九年（1839），林则徐背负着道光皇帝的希望和信任，踏上了南下广州之路，着手开展禁烟。在接受圣谕前，林则徐不是没有犹豫，他动摇过、忐忑过，然而以天下事为己任的信念终究战胜了个人的生死荣辱之念。禁烟的过程一如林则徐所料并非一帆风顺，一蹴而就。在林则徐等人的多方努力之下，收缴的大量鸦片当众销毁于虎门，这给当时西方列强一记重拳，使国人认清鸦片的危害、英人之企图。虎门销烟，激起了越来越多有志之士的爱国热忱，也使人们逐渐认识了这位清廉、干练、爱国的英雄楷模。然而，虎门销烟并没有遏制住清政府江河日下的颓运，也没有有效地救清政府于水火。英人终于露出凶恶的本相，借此发动了鸦片战争，迫使清政府签订了不平等条约。林则徐为家国社稷殚精竭虑，但割地赔款的结局，朝中反对势力的挑唆，道光皇帝的疑心，导致他最终得到的却是一纸发配伊犁的诏书。

"苟利国家生死以，岂因祸福避趋之"，林则徐赴戍登程之际，口占此诗示家人以明志。在抵达伊犁之后，林则徐没有因为被皇帝误解而意志消沉，而是在南疆奉献自己的心力，努力垦荒，希望以此换回皇帝的信任。远在边陲，心存魏阙，林则徐依然关心政局，每一个条约的签订都让他心痛不已。

道光皇帝在面对棘手问题的时候似乎总能想到林则徐。林则徐虽是多病缠身，但他尚思为国效力。这一次他仍然没有辜负皇帝的信任，妥善地解决了云南回民暴乱。

在内忧外患的时局下，林则徐锐意改革，睁眼看世界，奋然欲除清政府之积患，彰显了当时优秀士人济世爱国的情怀。

书生少年

　　旧历七月，福州城迎来一年中最热的时候，虽地处沿海，此时却少有凉风惠及。福州建城颇早，可追溯至汉代，越王勾践后裔无诸受封为"闽越王"，于此建城。唐代改名"福州"。夜幕降临，劳作一天的人们在贡院门口的大榕树下聊足了天，陆续回去了。贡院不远处有一条小巷，名作左营司巷，住着一位穷秀才，唤作林宾日，平日以教书营生。妻子身怀六甲，算来已经足月。林宾日这天早早给学生放了学，以便回家照顾妻子。看着油灯的火苗渐渐黯淡，林宾日思忖道："想必今日应无恙。"于是照顾妻子睡下，熄了灯，自己默念了一段经书，躺下了。

一只火红的大鸟盘旋于巷口,长五六尺,首如锦鸡,头顶皇冠,翅如仙鹤,身披五彩羽毛,绚丽的尾羽像是绚烂的彗星,倏地飞到屋子里去了。火光划破夜空,照亮了整个院子。

林宾日刚入睡,眼看着这只大鸟落入自家的屋里,噌一下坐立起来。妻子此时正在微微地呻吟,看来今晚要临盆了,林宾日胡乱地披上衣服,重新点亮油灯,让女儿赶紧去请稳婆来帮忙。

乾隆五十年七月二十六日,此时正值子夜时分,一钩弯月斜挂在西天。刚才那个梦,梦中的大鸟,不正是传说中的凤凰吗!林宾日听着屋子里妻子的呻吟声,独自一人静候在院子里。他膝下有几个女儿,先前亦曾养育过一个男孩,取名鸣鹤,但不幸夭折。"希望这次是个儿子!"林宾日心里祈祷着,梦中的情景使他想起了有"天上石麒麟"之称的徐陵。相传南朝徐陵母亲臧氏,梦见五彩云霞化为凤,落在她肩上,继而诞下徐陵。正想着,只听得屋内"哇"的一声传来,不一会儿稳婆前来道喜:"恭喜相公,是个男孩。"这下林宾日更加确定刚才的梦是个吉兆,当即给儿子取名则徐,字石麟。

　　给儿子取罢名字，林宾日不禁想起自己的家世来，悲酸往事涌上了心头。林家祖上，可上溯到两晋南渡之际。清朝初年，四世祖林学弢，始占籍侯官。自此后一直到现在，四代皆与科举无缘，父亲林正澄，虽苦读经书，最终只获得个县廪生，只好宦游河南、山东一带，以教读谋生。父亲长期谋食于外，家里境况一日不如一日，期间亲人相继去世，家境愈发艰难，父亲也在悲伤中离世。自父亲去世后，自己不甘家道中落，曾参加府试，却因丁母忧而与功名失之交臂，自此以后便靠办私塾维持生计。再后来结婚生子，有了自己的小家，以私塾之业，勉强糊口度日。皇天不负有心人，在即将而立之年时，终于考上了秀才，但自己的眼睛也因终日苦读，落下眼疾。妻子陈氏，日夜操劳，平日里做女红补贴家用。想想自己即将不惑，却一事无成，不禁又是一阵唏嘘。举业一途，是家族摆脱贫困的唯一途径，自己将来免不了还要继续走下去。刚才的梦，使他确信是个吉兆，相信自己的这个儿子一定能够光耀门楣，一扫祖上无科名的遗憾。想到此，林宾日便暗暗发誓："将来无论如何，一定要好好培养，自己再苦再累，也不能让儿子弃学。"

时间如白驹过隙，一晃就是三年，乾隆五十三年又逢大比之年。清代乡试，每三年一次，逢子、卯、午、酉为正科，若遇皇家庆典，则有相应的恩科。福建乡试是在省城福州举行。虽离家颇近，林宾日还是早早准备妥当，经过三年的准备，他这次自信满满，确信自己定能高中。谋事在人成事在天，考试中林宾日眼疾突犯，终不能按时交上答卷，只得铩羽而归。为了生计，林宾日继续以往的私塾教书生活，深知言传身教之效，就馆某家就随时携林则徐入塾，以便儿子能同时学习自己所授内容。林宾日发现儿子甚是聪慧，自己平日口授的内容，林则徐都能学得很快。在林则徐七岁时，父亲决定开始教他作文之法。

福州虽地处东南沿海，冬日却异常寒冷，海风裹挟着潮气直逼人的身体，像是窥破了村民破袄不耐寒的秘密，从人们的袖口里、破旧棉絮的缝隙里，直钻入身体里去。瑟瑟发抖的人们如海虾一样，使劲蜷缩着身子，来回跺着脚，试图赶走那周遭的寒气。每当夜幕降临，门外呼啸着的寒风，使劲拍打着两扇已经千疮百孔的门板。林宾日从门外移来两块石头抵着门，以防风透过门缝吹灭那仅有的一道烛光。这昏暗烛光，是他们一家生计的来源与未来的希望。这个时候，外面虽然寒风怒号，却是林宾日一家最温暖的时刻。一点灯火之下，妻子和女儿埋头做着女红，偶尔抬头舒展下酸痛的脖子，揉揉发涩的眼睛。林宾日与儿子林则徐则迎着灯光温习白日所学。昏暗的灯光下，一只皲裂的小手一笔一划地写着。门外寒风呼号，房间里却静悄悄的，生怕一说话，气流会把那仅有的灯火吹灭。

冬练三九，夏练三伏。父亲的谆谆教导，自己的发愤图强，林则徐在童年时即以擅文名著乡里。一次，一位以善对著称的村人出对说："鸭母无鞋空洗脚"，扬言自己这一上联无人能对。林则徐听说后，当即对出下联道："鸡公有髻不梳头。"闻者拍手叫绝，堪称绝对，出联的人也点头称是。

嘉庆二年，十三岁的林则徐应府试获第一名，父亲因眼疾在接连秋闱败北后在那年也顺利被选为贡生。第二年，林则徐顺利考中秀才，从此开始了七年的鳌峰书院生活。

福州城于山北麓有座鳌峰坊，坊背靠山，前带水，坊内道路九曲，仿佛真龙盘踞，坊内坐落着福建一省最好的书院——鳌峰书院。书院原为明代四川巡抚邵捷春的故斋。康熙四十六年，巡抚张伯行购下此宅及周边民居，扩建成"鳌峰书院"，书院门口正对着于山鳌峰，寓意独占鳌头之意。张伯行为当时著名的理学家，尊奉程朱，每至一地便积极刊刻名儒文集，大力兴修书院，并延请当地名儒充任山长，遴选全省优秀学子入书院读书，向学子讲授程朱理学之旨。林则徐考中秀才入学鳌峰书院这一年，山长为郑光策。郑光策为福州人，乾隆四十五年进士，平日喜读经世有用之书，早年曾入福康安幕府，后请辞，在家乡兴办书院。嘉庆二年，他主讲鳌峰书院，继续提倡济世之学，不虚谈性灵。受此影响，林则徐平日除了课习制义、儒家经典，更是通读了史部、子部、集部的大量经典著作，诸如《史记》《汉书》《老子》《庄子》《韩非子》，等等。书院更是人才济济，如梁章钜、杨庆琛等，平日里他们便在一起交流切磋，吟诗唱和。

一日，林则徐从书院归来，刚进家门，听见父亲房内传出阵阵击掌赞叹之声，不禁寻思，不知是哪位长者？心里想着，便已走到了门口。家里还是老样子，虽然父亲选了贡生，自己也中了秀才，但依旧家徒四壁。父子二人也已习惯了这种简朴的生活，加之平日里，父亲时常告诫林则徐要戒奢华、济亲友。林则徐自记事起，就常常看见父亲接济一贫如洗的三伯父。虽然生活不宽裕，父亲却从不屈身乡里那些为富不仁者的高额束脩。进了门，家里坐的是平日的常客，林则徐问过了安，便静静地退在一边。

"古者豪奢之徒酒池肉林，虽一时满足口腹之欲，但终究过眼云烟，落个恶名。那些暴殄天物者，独不闻杜子美'朱门酒肉臭，路有冻死骨'乎？"

"由俭入奢易，由奢入俭难。颜子一箪食，一瓢饮，在陋巷，不改其乐。昔者范文正公鉴于历代奢侈之陋习，反其道行之，提倡粗茶淡饭，与友人成立真率会。我等何不也依此结成此社，一月数集，以纵谈古今，激扬文字？"

"前几年，希五兄蒙皇帝登基大赦，从迪化归来。此次定要盛邀希五主持，玉成此事。"

……

大家你一言我一语地讨论起来。其实"真率会"事宜，林希五亦有此意，早先亦和林宾日谈起，无奈昔日时机不成熟。今日大家又提起，想着选个吉日商议此事。林希五，林则徐早先就经常听父亲谈起其丰功伟绩，是位不阿权贵、耿直敢言的人物。乾隆四十五年，福建大旱，农民颗粒无收，流民四野。当权者却让百姓出资买谷入仓。林希五不满政府倒行逆施之举，上书为民请命，此举赢得时人赞誉。使林希五名声大噪者，当属乾隆五十八年揭发按察使钱士椿受贿办理冤假错案。长泰县林、薛两大家族因农田水利问题大打出手，最后造成大规模家族械斗。时为按察使的钱士椿受贿，便颠倒是非，致使十八人蒙冤受屈。百姓迫于淫威，敢怒不敢言。林希五眼里容不得沙子，便揭发钱士椿受贿。结果钱士椿恶人先告状，指鹿为马，将林希五下狱治罪，并胁迫其他士子举证，将他流往迪化。当今圣上登基，大赦天下，林希五得以释归原籍，回来后设馆乡里，依然锐气不减。屡听父亲谈论林希五事迹，林则徐虽未亲自拜谒，心里早已萌生敬意，折服其人品。听到父亲与友人谈论此事，不禁也兴奋起来。真率会如期举行，大家商量制定了《社规二十诗》，反泥古、反守旧、反虚伪。雅集之所暂时定在林希五处，林则徐便随着父亲林宾日，成了真率会的积极参与者。

不知不觉间，林则徐已在鳌峰书院待了七年。时为嘉庆九年，又是三年一次的大比之年。林则徐已及弱冠，鳌峰书院的优良学风，父亲自小的言传身教，使他自信满满，书院老师亦对其期待满满。这日好友郭阶三来，相邀一起到贡院参加乡试。郭阶三与林则徐同岁，两家相距不远，自小就在一起读书，目前在林则徐父亲就馆的文笔书院学习。

两人收拾妥当用具，背着行囊朝贡院走去。林则徐家与贡院相距不算太远，路上要经过一座文昌祠，各路赶考的士子都会选择到此祭拜，以祈求

林则徐家与贡院相距不太远，路上要经过一座文昌祠，各路赶考的士子都会选择到此祭拜，以祈求高中。

高中。两人相约经过文昌祠时，也去拜一拜。正值秋日，云淡风轻，天空格外晴朗，下午申时时分，天际边的薄云被太阳的光晕染得金灿灿的。远处的鳌峰在阳光下异常醒目。文昌祠朱门半掩，阳光透过门缝，只见祠内有一白须绿衣的老者，虚步而过。二人推门进入，却空无一人，门口所见的老者早已杳然无踪。两人相视，没有言语，随后各自叩首默祝。

大比之年，每三年一次，因在秋季举行，又称"秋闱"。科考之年，通常在该年的农历八月举行，考试共分三场，第一场在八月九日开始，第二场在十二日开始，第三场在十五日开始。在考试开始前，八月八日是士子入场之日，半夜时分，贡院发第一号炮，三十分钟后第二炮，再过三十分钟第三炮，此时贡院的大门打开，士子们陆续拥到门前，按籍贯分为不同的"起"，随后等待教官的点名、搜身，发放入场券。接着经过第二道大门，经过再次核查，来到第三道门，之后便根据座号进入自己相应的号舍。每场考试结束，考生试卷以各县为单位，交到规定地点。放榜大概半个月后开始，从九月五日持续至二十五日。誊写中举者的纸张左右两端画有龙虎，因此也叫龙虎榜，因时值桂花盛开，又叫桂榜。

　　考试结束后，因离家较近，林则徐便回了家，继续每天的读书生活。这天听得院门外马蹄声急，"乡试捷报！贺福州府少老爷林讳则徐考得福州乡试第二十九名。"听到喜讯，林宾日连忙迎进报录人，递上早就准备好的谢礼。虽然日子拮据，但这是喜事，也就不得不随俗。自己因眼疾不能实现科举之梦，希望自然落在儿子林则徐身上。二十年来，他还清晰地记着儿子出生前自己做的那个梦，五彩霞光中的那只凤凰。儿子首次参加乡试就中了举人，这使他再次确信那个梦是吉兆。当初别人劝自己让儿子改业，幸好自己坚持，看来自己是对的。儿子中秀才时，即与本城朱紫坊名儒、前河南永城县知县郑大谟的长女郑淑卿订婚。两家约定，若这次林则徐秋闱折桂，两人便完婚。自古好事成双，今日儿子高中，又喜结良缘，可谓双喜临门了。

幕府生涯

　　林宾日定下了儿子的婚期，便遣了冰人前去请期，日期定在鹿鸣宴日。两家本是世交，前又有婚约，请期自不待说，在鹿鸣宴日，林则徐亲迎妻子郑氏来归。

　　乡试后，州县长官宴请主考官及新中举人，因宴会中要歌《诗经·鹿鸣》，作魁星舞，故名"鹿鸣宴"。是日，邻居们早早赶来凑热闹，拥在了院门口，一来看下林家新娶的娘子的美丽妆容，一来沾沾林家新科举人的喜气。大家你挤我，我推你，个个探着脑袋期待着一对新人。前来道贺者络绎不绝，原本狭小的院子顿时紧张了起来。来者尽是林宾日的故交友朋，都是闻名福州城内的人物，大家向林宾日道着福，品评着林则徐的时文之工。

"甲子榜一石麟竟是福州一活宝。"乡先辈林芳春轻捋胡须，"在拙朽看来，明年京师春闱，石麟定能一举高中，出为翰林。"

就这样热闹了一日。第二日，林则徐携了妻子向恩慈请了安，商量起明年会试来。会试一般在乡试的第二年举行，因在春季三月举行，又称"春闱"。考试在京师举行，福州相距几千里，北上要水路陆路并行，须提前几个月动身。现在正值九月份，经过一番商议，林则徐决定十二月出发。

嘉庆十年，二十一岁的林则徐到达北京，这是他第一次来到京师，第一次参加会试。然而，这次林则徐并没有如乡贤前辈所期望的那样连捷成进士，他落榜了。此次来京师参加会试，虽有县府提供公车之费，但想想家里高堂在上，妻子来归，自己虽是举人，通了籍，但家里的经济状况却没有改善，而一切用度需要很大的开支。想想下一次会试还要再等两年，这期间自己不能如先前那样一心只读圣贤书，两耳不闻窗外事了。这样想着，林则徐便决定先谋食四方，以后再伺机参加会试。

主意既定，林则徐六月份离开北京，在十一月抵达家乡。

嘉庆十年，房永清任厦门海防同知，得知林则徐已从京师归来，他先前就知道林则徐文笔很好，便盛情相邀林则徐为自己书记。林则徐此时在家无事，便欣然应允。厦门，相传远古为白鹭栖息之地，又称"鹭岛"。明代洪武年间，始建"厦门城"，厦门之名自此而始。厦门自雍正年间，开始大规模贩洋船只，东南沿海各省船只以及吕宋等东南亚国家也于此贸易，平日里海上帆船点点，络绎不绝。至嘉庆年间，有大小商行三十余家，洋船、商船千余号。随着中外贸易的发展，当地世风日下，赌博、盗贼、娼妓充斥。在中外交流中，更是混杂着大量的鸦片走私。厦门虽隶属福建，林则徐初来，即觉得眼前风尚大不类于福州，尤其是在房水清幕府中耳闻目睹鸦片之害，朝廷虽屡下禁烟之令，但收效甚微，不觉暗自下决心，将来如若有机会，一定要铲除鸦片之祸。

林则徐来厦门已三月有余，书记一职，主要负责公文的撰写归档，平日事情不多，相对清闲。一日，府衙忽然来了几位差役，要求林则徐跟他们到抚衙一趟。房永清大吃一惊，林则徐刚入幕府不久，一直在自己身边，应该不会有违法之举，但对差人来意，还是心存疑虑，便悄悄派人提前告知林则徐，让他做好心理准备，必要时可以回避一下，以免节外生枝。差人来到林则徐住处，按房永清吩咐，通知林则徐避避风头。此时林则徐正在馆舍读书，书记一职清闲，他利用闲暇时光温习，以便迎接即将到来的会试。听闻差人一番介绍，想想自己一向光明磊落，不肯离去，也想借此了解事情的原委，径直来到差役面前，听从其要求，去省城一趟。房永清看林则徐如此坚持，便陪同前往，以便照应。

福建巡抚张师诚正在书房，听差役报道人已带到，遂请林则徐进书房谈话，房永清只好候在门外，查看动静。

"此数则书札，君作否？"张师诚手持几页书札，边说边递给林则徐。

"是的，大人。"林则徐起身答道。这些信札正是林则徐上月替房永清所作，介绍有关商贩的报告。

"久闻林先生大名，文笔不凡，今日唐突请先生来，想请先生担任抚衙书记之职。"张师诚言毕，微笑着看着林则徐。

张师诚乃浙江归安（今湖州）人，字心友，号兰渚。平日为官清廉，爱才若渴。今年十月由江西巡抚调任福建巡抚，自十二月到任后，便着手福建一省的改革。因初到任，各种人员尚未配备，政事、公文常使他应接不暇。于是便萌生延请一幕僚，来辅佐自己处理各类文案写作。一日，他在批复各地汇报文件时，忽然发现有一来自厦门海防的信札，下字用笔尤为简洁妥帖，少有其他人那种八股作文之腔调。遂留心注意，果然每次信札都是如此。于是便派人调查厦门海防信札的执笔者，得知是林则徐后，便萌生聘请他作自己文案书记的想法。

每逢新年，大臣须上表拜贺。临近年关，林则徐应张师诚之命，将贺表誊录一份过目。张师诚看过贺表，不置可否，拿笔在贺表上圈点了相关文字，让林则徐重新斟酌缮写一遍，自己有事外出，等回来再将贺表发出。

看着张师诚圈点的文字，林则徐有些不解，圈点的文字，不是文章的主体，无伤大雅。今日是除夕，家人正等着自己团圆，转念又想，自己身为书记，自当以职责为重。想至此，便重新坐下，呵一呵自己早已冻得冰凉的手，重新研了墨，仔仔细细誊录起来，完毕，静候张师诚归来。次日，张师诚归来，略一浏览贺表，即刻便发出去了。随即向林则徐拱手谢道："昨日圈点文字，本无伤大雅，所以如此者，特看君之耐性耳！"

林则徐收拾好行李，拜别张师诚，刚到家门，母亲就说："昨天巡抚大人差人送来银子，说麟儿今日归来，果然今天就回来了。"看着张师诚送来的银子，林则徐不禁心生感激。

自入张师诚幕府，林则徐白天帮忙处理政事，晚上挑灯夜读，根据张师诚圈点文字，修改白日所写公文。不消半年，大有运斤成风之势，只觉笔下文字越发纯熟，各类公文亦是烂熟于胸。入幕府以来，每年脩金亦是不菲，有了这些银子，林则徐还清了祖上所欠的旧债，买下了左营司巷的一所小院。

时福建沿海海盗猖獗，尤以蔡牵为首者为最。蔡牵，福建同安人，出身贫苦家庭，少时父母双亡，迫于生计而为海盗。流窜于广东、福建、浙江等沿海地区，巧立名目，征税过往船只。张师诚到福建后，支持时为浙江水师提督的李长庚征讨蔡牵。嘉庆十二年，李长庚围追蔡牵到黑水深洋，两方决战中，不幸遇刺身亡。张师诚受嘉庆帝之命，前往祭拜。暂时执掌闽浙总督之印的张师诚决心剔除蔡牵这颗毒瘤，一面调闽浙两省水师继续追剿蔡牵，一面奏请调派内陆官兵。自己驻扎厦门坐镇指挥，令林则徐起草征调公文即讨伐檄文。随行前往的林则徐，听闻了李长庚的事迹，目睹了海盗肆虐对沿海地区的破坏，不由得怒发冲冠，日日筹思征讨檄文，以鼓舞士气，振奋民心，摧毁海盗精神防线。前后一月有余，在新任闽浙总督接办绶印前夕，蔡牵在闽浙水师的合力围剿下，落海而亡。

班师回福州后，鉴于林则徐在此次剿灭蔡牵之围中的出色表现，张师诚欣慰自己当时任用林则徐的远见，但亦为林则徐的才华惋惜，他相信林则徐将来一定会承担更大的担子，自己切不可耽误阻碍其前程。想到自己要赴京觐见，明年嘉庆十五年正好是春闱之年，便给林则徐备好盘缠，鼓励林则徐北上会试。

嘉庆十五年，林则徐在经历两次落榜后，终于在是年会试中崭露头角，以殿试二甲第四名，朝考第五名，赐进士出身，不久便入翰林院庶常馆学习。会试之捷后，林则徐本拟回家，继续追随张师诚习为文之法，但未获准。半年后，林则徐再次请假归省，时值重阳，林则徐不禁心怀一动：独在异乡为异客，每逢佳节倍思亲。遥知兄弟登高处，遍插茱萸少一人。父母年事已高，妻子来归七年，家务全靠她一人操持……鼻子为之一酸，作别前来送行的师友，驾车向福州驶去。

"仰足以事父母，俯足以畜妻子，乐岁终身饱，凶年免于死亡"，这是孟子笔下普通大众的理想生活。自京城归来已经月余，望着家里高堂在上，每当夜幕降临，林则徐眼前时时浮现少时一灯在壁，家里长幼以次列坐，自己在灯下诵读的情景。如今，家里已不再有过年才点两根灯芯的窘迫，这都是妻子郑淑卿的功劳。妻子知书达理，多才多艺，平日酷爱碑帖，善于作诗，还稍识医理。请假归里这一年，除了必要的交际应酬，夫妻二人便相互切磋诗艺。这年秋，同学梁章钜自浦城南浦书院归来，开设紫藤吟馆。梁氏长于林，在鳌峰书院二人却最为交好，连同陈寿祺，被时人称为福州三宝。自此而始，紫藤吟馆里热闹非凡，里中名流，咸来雅集，谈诗论画，曲径流觞，好不快活。

"挥鞭增意气，为尔一轩昂。"友人梁章钜拱手唱道。一年的假期即将结束，林则徐又要别作家乡，回京到庶常馆报到了。这次妻子郑淑卿携伴而行，二人自洪山桥登舟，岸上尽是送行友人，一年间交游唱和，欲别心不忍，临行情更亲。大家虽不忍，但知道林则徐此行定不负众望，在仕途上会一展宏图，也不得不含泪告辞。由福州北上京师，路途几千里，先要舟船至扬州，再沿大运河北上至天津，再改陆路抵达北京。二人溯闽江至延平，再由建溪到达建宁，之后沿南浦溪到浦城。值初冬时节，雨水稀少，建溪水位下降，致使河道不畅，夫妻二人走走停停，行走一月，才到达浦城——一座

这次妻子郑淑卿携伴而行，二人自洪山桥登船，岸上尽是送行友人。

闽浙交界的闽北边城。这日正好是冬至前夜，夫妻二人便商议冬至后再作打算。冬至，闽地有祭祠堂的风俗，遥想去年自京师归来的情景，林则徐望着窗外摇曳的灯火，思乡之情不禁涌上心头：自束发春闱北上，之后客幕他方，自己虽承蒙贤师之助，生活渐趋平稳，然于父母却不孝。往年妻子在家，家中尚可应付，今日家中独母亲张罗，不知可应付？

"咱们今日也搓丸吧！"妻子看着沉默不语的丈夫，开口道。搓丸，又叫搓米时、搓圆，是闽地冬至习俗。冬至前夜，家家户户把碾好的糯米粉和开水揉捏成长条，之后摘成一颗颗圆形坯子，然后用手掌搓成一粒粒桂圆核大小的丸子，有团圆，时来运转之寓意。搓丸时，家人围着大簸箕坐一团，边搓边唱歌，其乐融融。说罢，二人上岸购买搓丸所需物品，围着船舱的一方小几做将起来。二人煮了搓丸，对着家乡遥祭。冬至又叫亚岁，食了冬节丸就增一岁了。

第二日一大早，林则徐夫妻再次出发，过五显岭、大竿岭入浙江，沿衢江、富春江过龙游、兰溪、建德、桐庐、富阳，不几日到达杭州闸口。闸口为过关之所，需要申请过往验证单。林则徐为请过关之单，安顿好妻子，只身前往杭州城，张师诚为浙江归安（湖州）人，其宅邸在杭州，从福州出发前，张师诚已妥善交待林则徐过杭州时务必下榻其府邸。林则徐在张府休息一宿，次日办完通关文书，便急着返回舟中，路上听闻张师诚晋节两江，不禁心中大喜，竟忘了核实消息真假。有了文书，夫妻二人入城，找了家客舍住下。前日入城，张师诚之子早已盛邀林则徐夫妇二人在杭州逗留几日，以便游览西湖之景。林则徐虽几次自福州北上，但每次都行色匆匆，对杭州的美景竟没有多少印象。时为隆冬，偌大西湖，寥寥几人。亭台楼阁、曲廊画屏，一草一木，不与闽南相同，更是与北地大异。远方的小孤山在冬日的薄薄雾霭下影影绰绰，显得越发如仙境。

在杭州逗留了两日，夫妻二人再次踏上行程，沿大运河北上。大运河自隋炀帝开凿以来，即为南北交通的大动脉，船入运河，像是摆脱了束缚的离弦之箭，不几日便到了吴越交接地带。林则徐吩咐舟人靠岸休整几日，以备口粮。忽听得船舱内时时传来咳嗽之声，声音一次接着一次，每一次的咳嗽似乎都要把船舱的甲板掀将起来。郑淑卿略懂药理，听着这一声接一声的咳嗽，心里猜着几分病情，便询问船娘情况。原来，船娘祖上本是书香世家，无奈家道中落，夫婿早逝，与女儿相依为命，女儿自小又受饥饿之苦，身体便逐渐瘦弱，上月因偶感风寒，不几日便引发各种病症。药抓了不少，咳嗽却越发厉害了。郑淑卿把过脉，开了方子，让上岸抓药煎熬。几副汤药过后，船妇女儿病情大好。船娘大喜，从船舱取出一册拓本奉赠。是册为唐代褚遂良法书《圣教序》精拓本，为家族代代流转之物。

颇近年关，林则徐夫妇到达金陵。一到金陵城，林则徐就写了拜帖，这次要拜谒的是两江总督百龄。对林则徐而言，百龄是他的伯乐，当年就是因为百龄的赏识，从众多公牍中识拔自己，才有了后来结识张师诚之事，自己最终才会在春闱中金榜题名。百龄督署中人才济济，陈銮即是其中一位。元旦清晨，众人齐至林则徐房中贺岁，但见门楹上贴着"元旦开笔，领袖蓬山"八字，众人纷纷称赞。之后众人又来至陈銮处，见门楹所贴竟与林则徐相同。二人不谋而合，众人不禁为之击节称赏。在百龄处待了十日，林则徐就此辞别，前往扬州，他要把友人陈寿祺的书信转交给漕运总督阮元。拜见完阮元，林则徐搭船到淮安，然后去清江浦与暂住亲戚家的妻子会合。在那儿，林则徐与妻子搭乘粮船，继续北上。等待他的是充满未知又期待的京官生涯。

出处之间

  有道是"人生七十古来稀"，道光七年，林宾日已届耄耋之年。想到父亲年事已高，早先接父亲到自己寓所赡养的想法再次提上日程。前几日，朝廷下谕旨，自己将调任江宁布政使，林则徐随即给弟弟林霈霖去了一封信，说明自己即将调任江宁布政使，不久即由西安启程，前往江宁上任。信中嘱咐弟弟务必劝说父亲前往江宁团聚，以尽奉养之孝心。

  西安地处西北，时为八月，秋意早已颇浓，树木已渐染黄色，在清晨的薄雾中越发显得消瘦单薄。"信件已发出去一个月了，不知父亲可同意了？""大人，您的信。"林则徐正这样想着，忽被一声禀报打断了思绪。"正是了！……"林则徐接过信件，高兴地默念道。信正是弟弟需霖寄来，信中说他和父亲已于八月底从福州启程，父亲虽年事已高，不耐舟车劳顿，但旅途中眠食安健。若顺利，十月即可到达江宁。读着家书，林则徐悬着的心终于落下。

年前，林则徐因疲劳过度，疟疾发作，平日里连房门亦不敢跨出半步，经道光帝允准回家养病。期间，他便萌生归隐林泉的想法，无奈父亲不许。今年二月，便携带家眷再次北上，奉旨补授陕西按察使、署理布政使事务。不到半年，朝廷又下旨将他调到江苏。

转眼之间，半个月过去了。一日，林则徐又得家书一封，是弟弟需霖寄来，原以为是父亲加快了进程，已经到江宁了。殊不知读到第一行，便是一个晴天霹雳！父亲于衢州驾鹤西去了！

"自出外入幕，进士及第，京师七年，自己蒙皇帝眷顾，官阶接连擢升，而对故居、对父母却照料渐少。三年前母亲去世，朝廷以淮上南河之责使他夺情。此次移节江宁，父亲才勉强同意与自己团聚，不料想竟成永诀。子欲养而亲不待！如果自己坚持归养父母，说不定……"送走了一波又一波的吊唁者，林则徐跪在父亲灵柩前自责道。

福州，左营司巷，还是那座小院。去年自己还在这儿养病，今日院里已静悄悄没有了父母悉悉索索忙活饭菜的声响。圣人言，父母在，不远游，然而自古忠孝难以两全。林则徐看着静静的院落，眼前浮现出父亲苍老的面孔。

林宾日平日里勤俭持家，自妻子过世后，趁林则徐在家养病，为兄妹几人分了家。林则徐作为家中长子，虽然长期为官在外，林宾日还是给他留了一份。检点父亲遗物，让林则徐难以释怀的是那一幅《饲鹤图》。画面中一位长者端坐松柏之下，身旁是两只鹤，一只从云霄排翅而下，一只静侍身旁。图绘于嘉庆十三年，是年，林宾日在乐正书院讲授，而林则徐正于张师诚处充当宾客。

鹤，在道家思想中为长寿之仙，被文人视为高洁之物，有卓尔不群的品性。望着图画，林则徐不禁陷入沉思。画面所绘，排翅而翔者，是父亲对自己的期许；静侍左右者，则是父亲自己闲适的处世态度。当年林宾日绘此图时，林则徐对此图的解读，可说是与父亲别无二致。然而随着年龄、阅历的增长，林则徐对这幅画逐渐有了自己的理解，画中的两鹤，他认为是自己的两个情愫：一个是对闲适的渴望；一个是对仕途的自我期许。此刻他宁愿选择那只静侍而立者，虽然他知晓父亲一直希望他做那只冲霄而上者。

嘉庆二十五年，林则徐告别待了七年的京师，来到杭州，朝廷于六月份下旨，授予他杭嘉湖兵备道，外擢浙江。自嘉庆十七年离家北上，林则徐已有八年未见自己的父母。来杭州的第二年，母亲便从福州来到杭州。母亲来的那些日子，林则徐陪着母亲又重新游览了杭州的名胜古迹，相比上次进京路过逗留，林则徐显然心情更为兴奋，每至一处即题诗兴怀。

一日，仆人送来家书，读罢，林则徐不禁愕然：父亲林宾日因误食冷腥，自入秋以来，卧床已二十余日，每饭颗粒难进，身体大不如前，精神亦多有萎靡。其实，春日母亲来杭州时，林则徐当时即有些许忐忑，怕父亲年迈，独自一人在家，生活无人照顾。当时因母亲转述父亲口信，让林则徐放心，自己会照顾自己，不会出现什么纰漏。现在想来，当时还是大意了，若自己当时捎一封信回去，力劝父亲来杭，或许情况就不会这样了。想到此，自责不禁再次袭上心头。

林母此时恰从寝室出来，看见满脸愁容的儿子，不禁问道："家里有何变故？父亲怎么了？"

"父亲因误食，身体有恙。"林则徐怕母亲担心，但又不能不告诉相关实情。

"那我还是回去吧！此来半年有余，你也是尽孝心了。儿在此只要勤于政务，一心为民，也就是为我们祈福了。"母亲显然不太相信儿子的回答，林则徐的表情已经露了破绽，若父亲无碍，儿子不会表现得如此紧张凄惶。

"不，母亲。儿子陪您一起回去。"林则徐听母亲要独自回去，当即下定决心，这次再也不能冒这个险，让母亲一个人独自回去。

主意已定，林则徐当即下了拜帖，去巡抚帅承瀛那辞任回乡。此日正值帅氏太翁诞辰，巡抚府邸大门紧闭，门仆告知今日巡抚大人闭门谢客，只为安心陪伴太翁老爷。林则徐心急如焚，便极力请见。帅承瀛本是为太翁生日而谢客，听闻林则徐是为回乡照料父亲而拜见，推己及人，也就答应下来，准许归省，并建议暂不开缺。林则徐认为如此一来，审批破费时日，自己此时已无力操持此事，惟有辞职方可免除一切繁琐。帅承瀛见林则徐主意已定，只好答应。林则徐即刻登舟，匆匆启程南归。

辞官一事，林则徐早心生此念。七年京师，目睹官场多碌碌无为之士。外放杭嘉湖兵备道，平日政务中，又亲眼目睹、亲身经历官场种种利禄之徒之丑态，政务处理因循故辙，办事畏首畏尾，以人情疏近为准则。初到杭州，巡抚陈若霖为自己同乡，又钦慕岳父先祖郑善夫，故而对自己颇多照顾，对自己的各项措施亦支持有加，无奈陈若霖已调任湖广总督。自此以后，林则徐感到目前可以自慰者，无过于迎养父母一事。为官的遭遇，使得林则徐对古今隐逸高士心生敬仰，尤其是对远祖林逋艳羡不已。杭州西湖孤山是林逋祠、墓所在，林则徐便发起修葺，补种梅花数株，购二鹤豢养。先前父母以难舍家务，惮于水路而推辞，好不容易母亲答应就养，自来杭州，而父亲却遭此事故。林则徐顺水推舟，借此辞官，回到福州。

事出突然，一路颇多狼狈。此时林则徐妻子已身怀六甲，母亲因担心父亲，精神也大不如前，而林则徐自己虽有归林之乐，但想想家中的父亲，满脸愁容的母亲，自己一时也提不起精神，不多日，因匆匆上路，准备不足，加之水土不服，自己竟患上疟疾。回到福州时，一家人颇多菜色。此时林宾日病情已好转，但精神不太好，大不如前。见到林则徐归来，林宾日先是异常高兴，但看到一家人因自己的病而个个憔悴，免不了一顿自责。在听到林则徐辞官后，林宾日脸色更是一沉，但见儿子因疟疾而满脸憔悴，儿媳因在路途生产而身体虚弱，怀中的孙女正咿咿呀呀……张开的口又闭上了，连忙招呼家人安顿起居生活。

七年京官，一年外官，林家刚有起色的家庭因林则徐辞官再次陷入了入不敷出的境地。年迈的父亲身体已不允许再次外出讲学，先前的积蓄随着日子一同慢慢消耗掉了。吃饭，再次成了林家一家老小的第一要事。

"麟儿,古人云,学而优则仕。你身体已无恙,该考虑补缺了。"一日,林宾日对林则徐说道。"为父知道你的孝心,麟儿的孝心,我们都收下了。自古忠孝难全,出仕是大事,国家养士,不就是为民谋吗?为父穷半生心血,无非是为一展抱负,可惜时不我待。今外放地方,正是施展拳脚之时。怎生林下之思,况家中无担米之储,乡居又何以为养?"

半年里居,林则徐早已意识到家庭生活的拮据,前路茫然,自己出仕定不能免,看来归隐又是一场奢望了。林则徐乡居六个月后,终于拗不过父母亲友的劝说,再次踏上赴京之路。此次京师之行,林则徐受到了道光帝的接见与认可,这使得林则徐为之涕零,并重新燃起了出仕的信念。"看来父亲是对的,国家待我不薄,又何辞焉!"林则徐重振信心。

古制,朝廷官员遭逢父母之丧,须辞官回祖籍,为父母守制二十七个月,以示孝道。丁忧期间,林则徐素食寡交,谨守孝道。父亲去世后,林则徐在家守制的日子里，眼前总会浮现父亲的面孔，尤其是那双期望的眼神。在林则徐的印象里，父子之间谈论最多的就是出仕问题。父亲总是让他以国家为重，不要惦念家里。父母在，不远游，如今父母都已驾鹤而去，自己似乎也只能遵从父亲的遗愿，继续为国效命了。道光十年，林则徐结束丁忧，服阕北上。此次北上，除了父亲那幅《饲鹤图》，行囊一如往常，林则徐已习惯了轻装上阵。自父亲过世后，林则徐即发愿从此以后此图常随。此次京师之行，有机会还要遍征师友题词，以纪念父亲高洁之志。

五月中旬，林则徐到达京师，觐见道光帝，因暂时无阙可补，林则徐只好在京师侨居静俟。未来迎接林则徐的将是波峰浪谷，腥风血雨。

十年江左

"林公来矣！林公来矣！"人群中忽然有人欢呼道。自林则徐一行进入苏州，就远远地望见道路两旁簇拥着密密麻麻的人。车马此时所行之路，本叫做卧龙街，因乾隆皇帝南巡驻跸苏州时，官员在此接驾，遂改为护龙街。车马缓缓前行，车子后面接龙似的人群望不见尾了。见道路两旁前来迎接自己的百姓，林则徐一进城就掀开车帘，向众人拱手拜谢。人以铜为镜，可以正衣冠；以古为镜，可以知兴替；以人为镜，可以知得失。古往今来，人民群众，才是眼睛最明亮者。上至君王，下至地方胥吏，一心为民者，人民会牢记其伟绩。

"看来自己此次接受任命是对的。作为一方父

林则徐一进城就掀开车帘，向群众拱手致谢。

母官，为民解忧；作为食俸禄的官员，为国忠心，何惧仆仆之劳，政务之艰呢！"望着簇拥着自己车马的百姓，林则徐眼睛不禁湿润起来。

年初，道光帝一道谕旨，将正在河南视察黄河，时任东河河道总督的林则徐补授为江苏巡抚。江苏，河湖交叉，遍布大江南北。地处江南的三吴地区，更是富甲一方，是国家的财赋重地。民间早就流传有"苏湖熟，天下足"的说法。林则徐先后担任过江苏按察使、布政使，此次接任江苏巡抚，可说是旧地重游。听着圣谕，林则徐是兴奋的，同时也是忐忑的。所兴奋者，道光帝体恤下情，林则徐自出任地方官以来，多从事河职，此次任命，终于可以着手自己的时务政策；所忐忑者，作为曾经在此任职的官员，他深知江苏一省之积弊。自道光帝登基以来，江苏省便连年水灾。灾害之下，民生凋敝，官场腐败，贪污腐化成风，表面看来繁华依旧，实则恰如一位垂暮之年的老人，全身许多部位都有点毛病。面对此种局面，林则徐明显感觉自己智勇俱困，全然没有一丝旋转之术，接受任命，似乎只是充位而已。他先后给会试房师沈维鐈、时为两江总督的陶澍写信表达自己的隐忧，但最终还是鼓足勇气，踏上了从河南到江苏的路途。

听闻林则徐将要担任江苏巡抚，民间百姓无不欢呼雀跃，无不拍手称快。在他们心目中，林则徐是一个好官，是一个可以拯救他们于水火的好官，一个可以为民请命而耽误自己前程的好官，一个眼睛里容不得沙子对贪官污吏毫不留情的好官。每个百姓心似明镜，心里都有一杆秤。道光四年，刚上任一年时为江苏按察使的林则徐因母亲病故回籍守制。苏地人民便自发到街道两旁目送，高高举着的"林青天"的匾额，在清晨的阳光下熠熠生辉。祖制，丁忧三年，苏地人民哪有耐心等待啊！回想林则徐一年来的种种政绩，人们更是难舍难分。道光三年，苏地遭遇百年一遇的洪灾。大灾之后，重在善后，就在林则徐苦苦冥想灾后重建时，松江突发一起饥民闹府署的群体性事件。

旧历中元节，松江府署门前人头攒动，他们一个个身着褴褛，面黄肌瘦，每人手里端着豁口的锅碗瓢盆。忽然，人群中一人高喊道："我们要面见知府大人！我们要面见知府大人！"随着这一喊声，人们好像回过神来，先前的静默顿时骚动起来，声浪一声盖过一声，"我们要面见知府大人！我们要面见知府大人！"差役阻截不住，只好将为首的几人放了进去。杨树基听到门外喧闹声大作，了解情况后，便升堂问询。自江苏遭遇水灾以来，几乎天天有灾民前来请愿，让官府赈灾放米。这次来的是松江府娄县灾民，其境况，知县李传簪先前已经上报过，但杨树基认为不符合报赈政策予以驳回。一位灾民出来道："知县隐瞒灾情不报，我等前去县署请愿。知县通过实地勘察，答应我等发放银米。如今时至秋季，今年因水灾庄稼颗粒未收，我等只有挨饿的份。求知府大人为我等做主。"

中元节，此地乡民有到城隍庙还愿的习俗，听闻府署院门口吵吵嚷嚷，便前来探个究竟，于是人越积越多。咔嚓一声，只见大堂暖阁外的栏杆被人群挤倒。一差役怒斥道："刁民休得无礼！"而此时大堂里杨树基还是以不符合赈济政策予以驳回。听见差役如此呵斥，人群忽然躁动了起来，哐当一声，杨树基打了个寒颤，不知谁将半截栏杆扔了进来。先前跪在地上的乡民也都站了起来，顿时乱作一团。

随后提督前来镇压，逮捕了带头的九个人。巡抚韩文绮令候补道钱俊会同按察司林则徐督查此事。林则徐到松江了解情况后，认为灾民生事，且不可与平日寻衅滋事同论。通过暗中审查，把嫌疑人集中在了为首的几个人身上。回到苏州后，林则徐认为，此次群众暴动确实是因府县赈灾不力所致，在尽量减少惩罚范围原则指导下，林则徐建议将知县革职，巡抚交部察议，乡民闹事，损伤府署，打伤知府，本属不该，最终判决为首一人斩立决，趁势捣乱者十七人流放，其余皆释放回家。人们感林则徐宽大之恩，皆颂曰"林青天"。

林则徐因丁母忧回籍，后又被夺情，派往河南督催河工事务。苏地人民身感林则徐回苏无望，无不垂头丧气。没料想，十年后林则徐再次抚辕江苏，苏地人民无不载笑载言：我苏有福矣！的确，林则徐自接任巡抚后便开始着手思考江苏的整治，而此时最要紧者是江苏的赈灾工作。今年六月，运河在江北马棚湾、十四堡溃口，江北顿时一片汪洋，田庐刹那间荡然无存。受灾地区多达六十六个州县，八个卫所。时为两江总督的陶澍紧急部署，号召从邻省购买粮食，以解江苏的燃眉之急。林则徐自河南，取道徐、淮、扬、镇以达江宁，改变了由徽至苏的既定驿程。舟行至商丘县刘家口，便差人购置小麦三万石，以备赈灾。

旧历七月，林则徐上任江苏巡抚已一月有余，甫下车便思考着手开展各项改革，但摆在他面前的头等大事依旧是赈灾及灾后重建。大灾，一方面是对劳苦大众的磨难，一方面又是对当地官员的试金石。灾难下各种赈灾活动，最易滋生社会蠹虫。一上任，林则徐就在书房挂起"制怒"二字，以时时提醒自己在惩处贪官时，要统筹全局，切勿性急。令林则徐始料不及的是，进入七月，江南一带炎热异常，天上的太阳像个红通通的大火球，炙烤着大地，地上爆裂出千沟万壑，像是很久滴水未沾皴裂的嘴唇。地里的庄稼都有气无力地耷拉着脑袋，刚刚露头的小苗，还没尝上雨水的滋润，便被大地的高温烧焦了。时值秋闱，林则徐奉命前往江宁临监。自苏州至江宁，街道两岸是一望无际的田野，看着两岸曾经的千里沃野，眼下却是一望无际的枯焦之色，不禁悲从中来。一月前，自己南下经由江北地带时，江北正是一片汪洋，此时洪水未退，而江南地区却又赤地千里，江南江北水火两重天，民生之艰，何其重哉！

从江宁回到苏州，林则徐便开始着手赈灾事宜。凡事需要不拘于成法，敢于改革创新。此次江南科场，为维持考场秩序，林则徐便充分吸收练兵之法，提前统计江宁、江苏、安徽各区士子数量，分三路设立进场道路和次序，每届一时，鸣炮悬旗，各区士子按号经核实后入场，从而有效解决了士子进场混乱、不便统计缺员的局面。本着这一指导原则，林则徐认为赈灾不能单靠发放粮食，还需要从长计议。林则徐注意到江南地区只种晚稻，夏季插秧，入冬收割。江南地区夏季或多雨或高温干旱，此种天气不利于稻禾的扬花抽穗。冬季严霜苦雾，如若遇上恶劣天气，歉收在所难免。先前潘功甫劝农行区田之法，深耕早种，稀种多收。然苏地之民鲜有采纳者，究其因，无不是据成法，顺手操作，改今法，不便耳。不安于现状，不循规蹈矩，才能救民困。"家乡福州地区广泛种植的占城稻，一年可种植两季，参照潘氏之法，引民转变观念，加以推广，岂不有效解决了收成这一难题！"林则徐思忖道。

正当林则徐为推广占城稻一筹莫展之时，忽然忆起同乡，时任江苏按察使的李彦章来。李彦章曾讲起他在广西思恩府任上时，曾劝民试种水稻，两种两熟。想到此便下了请帖，前往李彦章住处咨询相关问题。两人相谈甚欢，通过这次咨询，林则徐更加确信自己先前想法的可行性。临行，林则徐拜托李彦章从历代典籍中辑取古今有关水稻种植一熟再熟之记载。两个月后，李彦章不负林则徐之望，将《江南催耕课稻编》一书稿本递到林则徐面前。自入冬以来，苏地下雪不止，致使小麦未能及时播种，林则徐便趁此下劝农之令，以推广占城稻种植。此书的完成正好与自己的步伐一致，这不禁使他喜出望外，欣然为书作序，藉以驳斥当地流行的江南不宜种植早稻的论调。不曾想，这竟成为苏地水稻种植论争的导火索。

"闽、粤地暖，故早种早收；江南地寒，不宜种两季。巡抚大人三思。"

"江右、荆湘之地，非尽暖之地，缘何稻可两种？江左同在长江一线，又缘何不可再种？"林则徐答道，"且闻江北地区诸邑，尚有种早稻为生计者，此又缘何？江南地不暖，尚不如江北乎？"

"早稻籼也，晚稻粳也。江南输粮，以粳。种之不能供赋，奈何？"

"吾固为民食计，以晚易早，早晚兼之，又何不宜！"

"地力不可尽，两熟之粮，未必赢于一熟。"

"此论固正，然闽中地瘠，早晚之稻尚可逾十石，江南地腴，岂不易得乎！且江南一稻一麦，非地力乎？江南泽国，非西北之土性，不宜麦，易为稻，尽地力也。民藉此以果腹，岂不美哉！"

粢饭论争，林则徐从中明白，农民拘泥成法固是事实，但新法难以推广，也在于自己与农民间的隔阂。士人熟读典籍，稽古察今，易明其理，但不谙于耕；农人恰恰相反，熟于耕，但不解古今变化之理。与民口舌争短长无益，只能用事实说话。于是，在官廨前后，租赁民田数亩。惊蛰后，种植四十日与六十日占城稻。时至夏日，早稻已熟，晚稻亦勃然兴发。实验大获成功，林则徐迫不及待地向两江总督陶澍、好友潘曾沂报告这一喜讯。事实胜于雄辩，种植占城稻总算以圆满结局告终。

经过这次占城稻推广风波，苏地人民更加佩服林则徐的远见，对这位巡抚大人无不感恩戴德。此时的江苏，百废待兴，像一艘偏离航线的大船慢慢回到航道，破浪而前。

树欲静而风不止，自林则徐南下的前夕，先前在广东沿海一带的鸦片贩子英人胡夏米悄悄驾船驶入江南羊山洋，不久出现在了吴淞口，并以避风为由，要求登岸，伺机窥探沿岸驻扎军队虚实。此时林则徐恰好抵达镇江，便与当时正在镇江的陶澍商议，二人不约而同主张将其驱逐出境。林则徐一到苏州，一面差人捎信给江南提督关天培，将胡夏米驱逐出境。一面上书道光帝，若胡夏米再次入境，即着人查访船上货物，一旦发现鸦片烟土，即当夷人之面如数焚毁。

林则徐不曾想到的是，他的禁鸦片态度，给道光帝留下了深刻印象。更未曾想到的是，禁鸦片，将是他人生轨迹新篇章的开始。

殿前受命

殿前受命

　　此时的北京，冬至刚过，天气格外寒冷，冷得凛冽又干燥。龟裂的大地因入冬以来缺少雨水，裂缝愈发的明显，并胡乱地向四处蔓延。肆虐的北风早已将道路两旁的树木捋过一遍，几片残叶仍旧执拗地咬着牙关，偶尔被风扭卷在一起，像极了盼望着立春的人们。

　　公元1838年，这是道光皇帝执政的第十八个年头。自执政以来，虽然自己时时自警，并身体力行倡导节俭，远离声色，但王朝的车轮似乎还是执拗地驶离爱新觉罗氏先祖开创的康庄大道，陷入颇多颠簸的羊肠小道。

　　喀什噶尔的叛乱还没平定几年，道光皇帝原

以为他的帝国会喘一口气，谁知几千里外的岭南广州，鸦片之灾又悄然蔓延。鸦片，又名阿片、阿芙蓉，俗称大烟，萃取于罂粟蒴果。六年前官军在广东的一场败仗，让这位年过半百的皇帝大动肝火，想要彻查事情的原委，但臣僚总是拿出一些似是而非的话来搪塞，但他似乎从大臣们不经意间的话语中探知了些许内情，这些派往前线的部队大都吸食鸦片。这黑乎乎的黏稠之物，竟有如此威力！道光一怔。

文武官员对鸦片利弊的争论，道光皇帝心知肚明，各处上奏的折子明显分为两派，言其利者认为其利润是种稻之十倍，陡然禁止可能会引起民间骚乱，何况吸食者尽是无赖子弟，于国家无碍。然而，言其弊者亦由此而发，即无论文武官员，还是商贾军民，十之五六吸烟，不良子弟开设烟馆，贩卖烟膏，更有甚者铤而走险，贩卖出境。鸿胪寺卿黄爵滋在闰四月初的时候上了一份名为《请严塞漏卮以培国本疏》的奏折，痛陈鸦片实为害人之物，已经逐渐成为国家的忧患，受鸦片的影响，白银日益外流，财政危机日益加大，建议严禁吸食鸦片。此论一出，朝廷中议论纷纷，持反对意见者占据了多数。

距离黄爵滋上书已悄然过去了半年，道光皇帝面对着朝中大臣的意见，依然举棋不定。"白银外流，贩卖出境"，道光心里念叨着黄爵滋奏折中的只言片语，是该下定决心了。登基以来的种种不如意又一股脑涌上心头：虽然我力主节俭，但至今国库却日益亏空，即便下诏问策于群臣，然而鲜有力挽狂澜者。照今看来，当是鸦片流毒之故，鸦片实为当今之一大患，可恨，可恨。

下此决心，道光皇帝心里又犹豫起来，该派谁来整顿一下呢？其实，他心里一直反复默念着几个人的名字：林则徐、邓廷桢、琦善……几人都曾主张禁烟，但邓廷桢时有反复，不够坚决；琦善虽禁，却是迫于朝廷压力，不够积极；……这些人之中，还是林则徐是最佳人选。道光皇帝眼前浮现出林则徐来：勤勉，有着良好的自制力，办事心细可靠。主意既定，道光皇帝立即发出一道谕旨，命林则徐尽快进京觐见。

这位九岁就在狩猎活动中因射获一头鹿而获

得祖父青睐的少年，此时已过知天命之年。偌大的紫禁城已经宵禁，周围一片寂静，道光皇帝独自兀坐在寝宫里，微微的灯烛映衬着他瘦削的脸庞，不禁再一次陷入了沉思。上月着林则徐进京，想必快到了吧。不知禁烟一事，林则徐有无良方？五月敕刑部发给林则徐的恣情文，来信中林则徐言辞有所推辞，他不是一直主张禁烟吗？怎么这次却要推辞？道光皇帝百思不得其解，难道林则徐改变看法了？还是力不从心，顾虑重重？一连串的疑问一直困扰着道光皇帝。他好不容易才痛下决心全面禁烟，如果林则徐此来提出了相左的意见，该如何收场呢？怀着这样的疑问，道光皇帝再次自言自语道："林则徐一定会倾力执行朕的决策的。"道光皇帝以此安慰自己。

十月十一日，林则徐离湖广总督任，启程进京。经过一个多月的长途跋涉，十二月初十，终于抵达了京城。林则徐又一次站在了紫禁城的土地上。此时已是晚上，在萧瑟的寒风中，白日里热闹的京城显得异常冷清。林则徐原本打算在长辛店暂住一日，以缓解旅途的劳累，长时间的奔波已让他几乎直不起腰来，但得知皇帝后天要在大高殿拈香祈雪，于是赶紧进城，准备明日递折，在东华门外烧酒胡同的关帝庙暂时先住下了。

时间过得真快，自上次进京已经将近两年时间了，林则徐不禁唏嘘道。自己在湖广总督任上才一年半时间，各项工作刚刚展开。此次进京，不知所为何事？若为鸦片一事，不知圣上态度如何？早在五月初他就接到刑部文，不为别事，专为饬议吃鸦片烟罪名一事。先前长子汝舟从京中寄来了家信，各处也来信数十封，已经大体上知道了黄爵滋上奏之事的来龙去脉。既如此，也只能置祸福荣辱于度外了。其实，十五年前，时为江苏按察使的林则徐就开始与鸦片打交道。当时因吏治腐败与民风败坏，一些游手好闲之辈便勾结胥吏，开设烟馆，把持地方，严重影响一方治安。林则徐与友人的书信中曾谈及将烟馆纳入不法行为之列。其后，他主政湖北，亦相沿此前政策，严禁开设烟馆。

夜间，阴沉的天空飘起了雪花。后日皇帝要祈雪，今夜雪就悄然而至，本已躺下的林则徐复又披衣起身来到窗前，望着天空中飘散的雪花，他想，是个好兆头吧。

丑刻微雪已止，今日要入内递折，林则徐早早便收拾妥当。不久，内侍出来宣谕，令林则徐卯时觐见。一宿辗转，道光帝瘦削的脸上略显疲惫，特命林则徐上毡垫回话。君臣谈了三刻有余，不过尽是些客套话。过了一日，天已放晴，暖暖的太阳烘着冬日里萧条的树木。因为想着祈雪之典，道光皇帝显然有点心不在焉，君臣二人谈了两刻钟便草草结束了。

十三日，今日觐见皇帝。林则徐一如往常早早候在午门外了。北方的冬天，天气总是不经意地转变。昨日放晴的天，今儿就骤然阴了，北风呼呼地吹着，空气中不时裹挟着黄沙尘土。林则徐偶尔眯着眼，心里算着时间，应该快到了吧！前两日的召见，皇帝什么也没说，尽是垂询些无关之事，显然心里有着疑虑，难不成还在担心上次自己奏折中的推托之辞。正想着，忽听见内官唤自己的名字，便抖擞精神，穿过掖门，越过金水桥，不多时便来到养心殿下。

养心殿是雍正帝以后的皇帝寝宫，也是处理

政务的场所。主体建筑呈"工"字形，由前殿、后殿组成。前殿面阔七间，进深三间，明间设皇帝宝座，左右为暖阁，分别为东暖阁、西暖阁。前两次召见林则徐，他只是大致透露了自己此次召见林则徐进京的缘由，但没有细致询问禁烟的步骤和方法。但通过前两次的谈话，道光皇帝也渐渐知晓了林则徐的态度。听见殿外"臣林则徐恭请皇上圣安"，便宣他觐见。道光皇帝这次显然比前两次轻松了许多，赐林则徐毡前回话后，便就禁烟一事表达了自己的看法，无非是痛陈烟毒之害，发愿要严惩阻挠者，如此才对得起列祖列宗。

"爱卿，能骑马否？"一番慷慨后，道光皇帝话锋一转，忽然问道。

林则徐先是一愣，"尚可"，赶紧回禀道。

"爱卿如若能骑马，朕赐你可在紫禁城内骑马。冬日寒冷，每日早起步行至此，实为辛苦。"

"臣谢主隆恩"，林则徐心头一热，此种眷顾，在林则徐印象中，前朝少有大臣享此宠遇。外僚得此者，更是异数！

次日，林则徐便骑马进紫禁城觐见，昨日道光皇帝一席话，林则徐犹记耳边，昨晚回寓所，写罢谢恩折子，便一心扎在禁烟这件事上。"看来，皇上是下定决心要禁鸦片了"，这也是林则徐一贯的立场，自黄爵滋上书后，他的这一立场就越发坚定了，但他还是有所担心："皇上向来优柔寡断，如果有人进言阻挠，不知皇上是否会反悔；如果禁烟不是那么顺利，不知圣心是否会动摇。但据昨日之言看来，皇上这次似乎是下定决心了。罢了，罢了，既如此，全力以赴吧！"

骑马，向来是武官的行当。林则徐两榜出身，加之自小在南方长大，习于舟楫而乏骑术，故而颇不习惯。座下的白马亦因林则徐毫无章法的驭术而有点暴躁，渐渐不听使唤起来。从午门到养心殿寥寥路途，却比徒步慢了些许。与马鞍彻底分离的一刹那，林则徐终于长舒了一口气。

因为比昨日晚到些许，道光皇帝显然已经意识到林则徐不惯骑马。待林则徐拜见之后，仍赐他毡毯答话。君臣二人继续昨日所谈议题。不知不觉间，两刻已过。"今儿就谈到这儿吧"，道光皇帝忽然终止了议题，"爱卿惯骑马否？若不惯，可坐椅子轿"。林则徐跪谢退出之际，道光皇帝忽然和颜地说道。

这是林则徐进京后第四次觐见，每一次觐见，他都明显感觉到道光皇帝对自己的隆遇，且一次次加深。林则徐在深感知遇的同时，不禁暗下思忖，禁烟之责，自己一定要不负圣望才好，但又转念一想，作为臣子，为国家分忧，本是职内之事，皇帝对自己厚恩如此，莫非还是对我有所保留，抑或是先前自己奏折中的疑虑，未能让皇上坦然释怀。看来，明日的觐见一定要向皇上坦露自己的诚心和决心才可，如若不然，即便皇上任命自己全权负责禁烟一事，将来若有他人在圣躬面前混淆视听，自己也可能腹背受敌，如此反而使自己陷于孤立之境，禁烟也就无从谈起了。想到这，便草拟了一下明日觐见的建议。

由于昨日皇上特恩准林则徐坐轿觐见，林则徐在卯时便乘肩舆入紫禁城内。比起骑马，坐轿显然方便许多。林则徐便趁午门到养心殿这段路程，在轿内把昨晚修改的禁烟建议又细细思考了一番，一在确保策略的周详，一在向道光皇帝表明自己的决心。不知不觉间，轿子已到养心殿外。

"爱卿是否已经决定了？"

"臣定当不负圣望，竭尽全力，赴汤蹈火，在所不辞。"

"此去禁烟，前路或许千难万险，汝当以全局为重。"

君臣密谈约三刻有余，最后道光皇帝传下谕旨，授林则徐钦差大臣，前往广东查办鸦片事宜，该省水师兼归林则徐调遣。

林则徐退出后，道光皇帝的脸上显出了稍许的轻松，刚才林则徐的一番建议与决心，让他吃了一颗定心丸，道光皇帝一直悬着的心总算落了地，先前的疑虑烟消云散。"林则徐一定不会辜负朕的期望的"，道光帝心里想着。

此后三日，林则徐又先后三次觐见，针对前几日的奏折，他又作了相应的补充与调整。显然，这三日林则徐回寓所后，又作了一番统筹安排，以确保禁烟万无一失。

来京师已十天有余，林则徐一直忙着觐见，故而一直没有专门时间拜会昔日同僚故友。禁烟之事，乃皇帝心病，决心已下，当即刻出发，以解圣忧。京师定不能再多留时日了，等仆人收拾妥当即南下广州，林则徐心里想着。同僚友人早已得知林则徐来京师的消息，只是苦于林则徐一直忙着觐见皇帝，无法拜见。得知林则徐授命南下，知道以林则徐性格，定不会多延时日，纷纷来拜见辞行。烧酒胡同的关帝庙本来地方就不宽敞，这下更是堵得热闹。在这小寒天气，来访者脸上竟沁着汗。就这样忙忙碌碌了四日，仆人方将行李收拾妥当。午刻过后，吃罢午饭，该启程了。林则徐站在门口，望着庙门外一棵棵柏树。这些柏树，在北方严寒的天气里依然挺拔着身姿，全然不像其他光秃着的落叶乔木。送行的宾客依然将道路堵得水泄不通，林则徐向送行众友人揖别。尔后，开用钦差大臣关防，焚香九拜，发传牌，方才启程。

正阳门外，回首，不知何时再能归来？

林则徐带着道光皇帝的满满期许，踏上了南下的路，前路即使是荆棘满布，也要奋不顾身地闯一闯了。

虎门销烟

虎门销烟

广州，天字号码头。

货船来来往往，人们装货卸货，繁忙的景象一如往常。不同的是在码头中间开出了一条道，广州的大小官员聚集在此等待着一个人的到来。

正月二十五，惊蛰刚过去没多久，蛰伏在土壤中冬眠的虫苏醒了。林则徐以钦差大臣身份查禁鸦片之事一传到广州，鸦片贩子、包庇鸦片走私收受贿赂的官员、洋行商人不安了起来，他们纷纷打探消息，想知道道光皇帝这次是不是动真格的，也想知道林则徐是个什么样的人。

此时的林则徐正在船上欣赏着珠江两岸的景色，阴沉了几日的天空突然放晴，岸边的木棉花已经绽放出美丽的身姿，一树一树的红。这是林则徐第一次来广州，但感觉并不陌生，在福州城长大的他很习惯海风吹在脸上的感觉。这次禁烟是一帆风顺还是凶多吉少，自己不得而知，圣意虽责令自己力禁鸦片，但上不可以失国体，下不可以启边衅，国体自是不能失，收缴鸦片定是会触及外夷的利益，难啊，唉。

"大人，到了。"林则徐的思绪被拉了回来，靠船登岸。等候的官员诧异一个钦差大臣的排场居然如此之小，随行侍从只有十人而已。林则徐自出北京后，就发出了传牌，一切从简。自雇轿夫，自雇车辆，夫价轿价已自行发给，不许在各驿站索取丝毫。所有住宿之处，只用家常饭菜，不必备办整桌酒席，尤不得用燕窝烧烤，以节糜费。随身丁弁人夫不许暗收门包。此牌由良乡县传至广东省城，为的是让各地方官员尤其是广东省官员和当地人知道他此次来禁烟是动真格的，并不是敷衍了事的。

广东，这个素未谋面的地方，有太多的未知等待着林则徐，是到正面交锋的时候了，既然来了，就准备好大干一场吧!

次日,林则徐出示通告:照得本部堂奉命来粤查办海口事件,现在驻扎省垣,不日出巡各口,均应慎密关防。凡文武各员因公禀谒者,无不立时接见。倘有在外招摇者、借名影射扰累者,彻究重办。林则徐的告示如同春雷一般在这个波澜不惊的春天里炸响,人们意识到这次来的这个钦差大臣好像是认真的。

一切安顿妥当,是该向道光皇帝汇报一下了。林则徐一连写了两份奏折,一份向道光皇帝报告抵粤日期和体察的大致情形,另一份汇报所查英国烟贩查顿情况并请示尽早颁布严惩吸食鸦片律例。奏折中写道:奸夷查顿系英国所属之港脚商人,盘踞粤省夷馆历二十年之久,混号"铁头老鼠",与当地不法洋商串通,鸦片之到处流行,实以该夷人为祸首,其只是英夷奸贩中的一个,因私售鸦片以致巨富。闻十二月间,广东省城互相传播,以为钦差大臣一到,首拿其究办,该夷人遂即请牌下澳门,搭船回国去了。要使之不敢再来,乃为善策。又伶仃洋面趸船,亦于臣将到之时,先后开动二十只，虽夷情叵测，难保不游弋往来，而其闻知谕旨森严，心怀畏惧，亦已明甚矣。此时查办机宜，惟有外树声威，内加慎重，使之生严惮之心，而发悔惧之念，然后晓谕禁止。至于广东兴贩吸食鸦片的人数固倍于其他省份，但听闻皇上特遣钦差大臣来查办，皆有惧心，可是由于以往的查办刚刚开始没多久就停止了，禁令推行也不彻底，人们难免持观望态度。臣入境后，闻民间无不私探罪名轻重与新的律例是否颁行。机会稍纵即逝，不可挽回，希望严例早颁，方可办理得有把握。

不得不说，道光皇帝把禁烟这一重任交给林则徐确实是非常正确的选择。林则徐思虑严谨，迅速对如何禁烟作出了判断。

趸船往来的伶仃洋，位于珠江口外，水路通达。道光初年，朝廷据两广总督阮元的奏请重申禁令，凡洋船至粤先令行商出具无鸦片甘结方准开舱验货，如有夹带即将行商照例治罪。但在鸦片带来的巨大利益的驱使下，伶仃洋成了偷运鸦片的水上老巢。林则徐抵达广东后，即将伶仃洋的情况摸查了一遍，准备派出船只按月轮流堵截，但凡有船只靠近夷船，概行追击，以断绝民间和英夷私下贩售鸦片。

紧靠着珠江的十三洋行一如既往地繁忙。康熙时期开了海外贸易，在江南、浙江、福建、广东四省设海关，管理来往船只并征收税银。广州的十三行便是清政府特许经营对外贸易的专业商行。道光年间，怡和行伍绍荣和广利行卢继光是其"总商"。

二月初四，林则徐和邓廷桢、怡良传讯十三行洋商，并发了两件谕帖，正式开始了和十三洋行的正面交锋。

先是谕令洋商责令外商呈缴烟土，林则徐一针见血地指出洋商和夷人相互勾结串通，限三日取结禀复。并历数外商走私鸦片等为非作歹行为，谕令各国商人呈缴烟土。林则徐义正辞严表示自己的禁烟决心：若鸦片一日不绝，本大臣一日不回，誓与此事相始终，断无中止之理。

二月初七，林则徐规定的最后一天期限日子，各国商人公告所内人头攒动，整个大楼内人声鼎沸，争吵声此起彼伏，根本听不清人们到底在讲着什么。洋商将林则徐谕令翻译给他们后，这些商人便展开了激烈的论争。于是，大家决定采用投票方式以决未来走向，最终同意缴烟，但推延七日内做出报告。各国商人有自己的打算，先照往常一样递上一纸保证，再用金钱打通官府相关人员，等避一避风头，便可一切照旧。

听闻义律抵达广州并企图带时在城中的鸦片贩子颠地逃脱，以阻挠缴烟之议，林则徐立即以静制动，将港口封锁，以防止外商逃脱，并传令十三洋行停止将工匠、船只、房屋雇佣给夷商，同时不许夷人船只靠近口岸，以防止他们上岸招募工匠。

二月初十抵达广州的义律，传来颠地等商人，商量对策，不料想商馆早已被中国工人围住，自己的一举一动也在他们的视线之内。义律便向林则徐叫嚷，宣称要为英国人申请护照，申请离开。没料到的是，林则徐根本不理会他的请求，相反把他们的一切生活来源都断掉了。几天后，义律又收到了林则徐传令，传令中林则徐开门见山指出义律蛊惑众商的嘴脸，并告诫义律一味贻误，后果由他自己负责。

"尔等售卖鸦片，贻害民生，正人君子，无不痛心疾首……"

一张告示被贴在了义律住所和十三行之同孚行的墙上。

自知理亏，各国商人纷纷表示愿缴纳鸦片，配合林则徐的调查。见大势已去，义律便一百八十度大转弯，主动向林则徐示好，愿意负责英商的鸦片缴纳事宜。其实，在他心里，正在谋划着一个更大的阴谋。

经过统筹考量，林则徐决定将虎门外的龙穴岛作为缴烟之所。

二月二十六日，林则徐接到关天培来信，说首批趸船已开到龙穴岛，等待验收缴纳鸦片。在虎门沙角炮台上，林则徐看着收缴来的鸦片，心绪不禁为之一动，初战总算告捷，但愿一切顺利！

远在几千里之外的北京，穆彰阿为首的佞臣，因与鸦片售卖有着不正当的利益瓜葛，便从中加以阻挠。道光皇帝不辨黑白，一道谕令发至广州，谕令尚未到达，广州城内已是风言风语，禁烟已弛的谣言更是漫天飞，平日的烟鬼更是想方设法阻挠相关人员依法缴烟。

四月十八日，林则徐接到了道光皇帝批谕，收缴鸦片不再解京，就地销毁。林则徐舒了一口气，送往京城，原本为止住谣言。这月初六，林则徐接到调任两江总督谕旨，他担心自己一旦离开，禁烟可能功亏一篑。如今鸦片可就地销毁，一则省民力，一则免节外生枝，可谓一举两得。

林则徐派人发出告示，宣布谕旨，沿海居民及在粤夷人目击销毁。

四月二十日，林则徐一早就来到了江岸边，海滩上供桌已摆放妥当，桌上铺着红布以示吉庆，吉时一到，鞭炮齐鸣，林则徐开始念祭文："本除害马，岂任殃鱼。比诸毒矢强弓，会须暂徙；庶使纤鳞凡介，勿损滋生。"让水族先行暂徙，以避鸦片之毒。读罢，林则徐虔诚地朝大海磕了三个头。忽然间，天地黑云压境，状如混沌。刹时，一道闪电像是出鞘的宝剑，在天地间劈开一道口子，紧接着又是几道。接着几声响雷，大地为之一震。此后，滚滚雷声便排山倒海似的袭来，豆大的雨点把行馆的屋瓦敲得啪啪作响。如注的大雨足足下了两日，四月二十二日，一轮红日跃海而出，经过雨水的冲刷，天空越发澄明。

虎门，地处珠江入海口，毗邻澳门、香港，地势险峻，自海上到入海口先后有沙角、大角两山、横档、下横档、南山以及大、小虎山，如海上雄兵，相互配合成掎角之势，组成保卫广州城的三重天然屏障。林则徐使粤之际，邓廷桢、关天培已增添了新的炮台，拦江木排铁链也重新加固，以防不测。此次缴获的鸦片，就全都堆放在虎门寨下水师提署和附近的民房庙宇内。为保险起见，林则徐早已派兵日夜轮岗严守。

不远处，镇口村码头旁的海滩高地上，两个长宽各十五丈的方形大池业已竣工。池底铺着石灰，四旁栏桩钉板，以防止水渗漏，前面设一涵洞，后面通一水沟。池岸周围，广树栅栏，中设棚厂数座，为文武官员查视之所。对于鸦片如何销毁，先前林则徐广求意见，最后决定采用盐卤、石灰以煮化，这种方法处理后的鸦片渣滓，不能再次收集成膏，可以打消有人再利用渣滓售卖的企图。

虎山前后，兵哨林立，个个威风凛凛。下午时分，林则徐在广东巡抚怡良、豫堃陪同下，登上礼台。一通礼炮之后，林则徐宣布销烟开始。

听到号令，几名民夫即刻将水导入池内，同时将备好的粗盐均匀扬撒在池内，以作卤水。而销烟池边上的木板上，几十号身体黝黑，身形健硕的民夫，熟练地将手边的鸦片箱劈开，迅速将箱内烟土切成四半，投入卤水之中。浸泡半日之后，几位工人便将整块烧透的石灰投入池中，池内顿时白烟滚滚，池水沸如汤，火苗不时扑腾而起。此时，另有几位民夫各执铁锹木耙，立于木板之上，往来翻戳，以保证鸦片能够完全销毁。等到退潮时分，民夫便将水池的涵洞打开，鸦片渣滓随着退潮之浪流入大海。

此次销烟，观者如堵。深受鸦片之害的广州人民，无不拍手称快，自从速戒鸦片的告示张贴之后，凡有吸食鸦片者，其家人、亲戚、友人、邻里咸来劝告，不从者或背地里继续吸食者，众人更是大义灭亲，投之官府以强制戒烟。自英夷打着贸易的幌子输入鸦片以来，满城人民，轻者家毁，重者人亡。先前朝廷虽明令禁止，然官员或与英夷商人有利益瓜葛，明面禁止，暗地故意放行。林则徐此次销毁鸦片，断了根，广东之民也就不再担心家人会再沾染鸦片。

人群中夹杂着几位身形佝偻之人，面目无神，脸色苍白，听见林则徐下令销烟，忽然眼睛一亮，垫着脚，嘴角不自觉的一撇，手下意识摸了摸腰间的布腰带，忽而手又缩了回来，才意识到烟杆已经上缴了，先前发亮的眼睛又黯淡了下来。几位商铺的伙计混迹在人群中也想看个究竟，他们受雇于鸦片贩子，这次特意来现场打探林则徐到底用何种方法销毁鸦片。鸦片普通的方法是用火焚化，但这种方法会有残膏残留，如果加以收集，可以重新提炼出鸦片。这些鸦片贩子妄想林则徐也用此种方式，如果当真如此，他们再伺机收买相关官员，加以回收利用，以此来发一笔横财。他们挤着人群，慢慢挨到前面，看着眼前的两个大池，池上民夫正切着鸦片抛入池中，随着一声令下，石灰倒入池中。这几位伙计不禁"哎呀"一声。意识到自己的失态，看着周围群众诧异的目光，便趁个不防，灰溜溜从人群中退出去了。

站在栅栏内的还有一群外国人，他们是美国奥立芬洋行股东及其眷属、马利逊号船长弁逊等，他们从澳门赶来，先前英国驻华商务总监义律曾在他们面前宣扬，林则徐根本不会销毁鸦片，这只不过是林则徐的装腔作势，在大众和皇帝面前做做样子而已。何况在清政府官员中，靠鸦片牟利者大有人在，那些人也不会让林则徐断了他们的财路。然而，事实却出乎义律的预料，前来观看的一行人，眼睁睁看着林则徐下令将收缴来的鸦片销毁，毫无半点虚假之势。此时，销烟正在紧张有序中进行，他们这才真正意识到：林则徐是个硬骨头！

五月十五日，林则徐、邓廷桢在人们的欢呼声中登舟，驶回广州。销烟前后历时二十天，共销毁鸦片一万九千一百七十九箱，又两千一百一十九袋。

日至悲谷

道光二十年，庚子，注定是多事的一年。

农历九月十二日，晴。

"大人，今日鹿鸣宴，您准备什么时候出发？"

"今日我就不去赴宴了，咳咳，还要等顾医生来诊脉，你去告诉他们，我身体不适，让他们多热闹热闹。"

时已入秋，广东的天气却依旧闷热，多少让人心生烦躁。林则徐独自一人在屋中踱步，为目前的形势忧心不已。

"大人，您还是继续按我开的方子抓药即可，虽只是风寒感冒，但也不能大意，今日已有好转，还需多加休息，切勿劳心伤神啊。"

"嗯，知道了，有劳顾医生。"

这样闷热的天气是如何感冒的，林则徐想，是了，九月初六回署后收到了朝廷八月二十二日的五百里廷寄一道，朝廷已然向英国人妥协，派琦善为钦差大臣赴广东，查办一切事项，大有代英人洗刷冤屈之感，同时同意义律等回到广东，允许通商。此消息一旦泄露，禁烟运动势必会受到影响，坚持了这么久的禁烟难道就这样结束了么？此前英国人舰队进入大沽口，怯懦的道光皇帝就害怕了起来，派琦善接受了英人的投书。林则徐极其愤懑，也隐隐有些不安，只可惜身在广东，不能在皇帝面前力谏接受投书此举实乃大大的不妥，连日的忧虑和焦灼终于击倒了自己。

"咳咳，咳咳咳……"

"大人，朝廷的信。"

"放在桌子上吧。"

午后的阳光让人有些刺眼，桌上摆着道光皇帝的信，不用打开也大略能猜到道光皇帝批复的内容。定海失陷后，英舰北上，不到一个月的时间里，英国人的舰队就分散在我国的沿海，封锁了北直隶、扬子江、宁波、厦门、广州。局势正朝着林则徐最不愿意见到的方向发展。既然事已至此，只能积极应对，林则徐积极备战，陆续为广东水师采买船只，一腔热情地向道光皇帝报告：将所操练的各兵勇亲自校阅，若是战斗技巧均已精湛熟练，即可择日整队，出洋剿办。为确保万全，林则徐又附言说，与英人在海上交锋未必有把握，不如将其诱骗至陆地上擒获。可就是这样周全的御敌之策，让道光皇帝抓了把柄，钻了空子。

拆开，果如所料，道光皇帝信中尽是斥骂讥讽的话语。在道光皇帝看来，英国人熟悉水上作战，你林则徐既然说在陆上作战更好，为何又要出洋剿办，岂不是前后自相矛盾。显然是你知道了英兵滋扰福建、浙江，一路北上至天津，唯恐我将英人此举怪罪到你在广东办理禁烟不力的头上，于是故作此折，抢占先机，真是欲盖弥彰。

欲加之罪，何患无辞。

在两个多月前，林则徐上了一道汇报在广东缴获鸦片情况的折子，道光皇帝收到后竟作出了"看汝以何词对朕也"的严厉斥责。林则徐只是在折子中向道光皇帝报告自己在广东查获鸦片的成绩，并说明了走私吸毒尚未根绝的情况，希望皇上能继续执行严禁的政策。道光皇帝的批复却是："我让你对外断绝通商，你却没断绝，让你对内查拿吸烟犯法，你也不能绝根，无非是用空话来搪塞我，不但没有效果，还平白生出这许多波澜，想来就让人气愤。"当时林则徐不知道的是道光皇帝已经开始为向英国人妥协作准备了，自己却还一厢情愿地以为只要自请处分就可以改变道光皇帝的想法，于是上了自请从重治罪的折子，并在折子中表示自己虽渥受天恩，实乃资质驽钝，有愧于皇上。更加不知道的是朝廷在没收到林则徐的折子的时候已经给他定了"办理不善"的罪名。

夜，很静，一轮朗月高悬。经过了这些天的诊治，林则徐的身体是差不多痊愈了，但是心里的病却是刚刚开始。

从年初被撤去钦差大臣接任两广总督，再到自己的老友邓廷桢被调任闽浙总督，林则徐预感到了一丝丝异样。道光皇帝在一份上谕中还特别强调："林则徐已实授两广总督，文武皆所统属，责无旁贷。倘查拿不能净绝根株，唯林则徐是问。"道光皇帝的算盘打的是将全部责任推给林则徐一人，如若日后中英两国因鸦片开战，好拿林则徐充当替罪羊。

林则徐认为自己不能辜负皇上此前对他的信任，积极研究如何克敌制胜。正月二十七日，组织渔民疍户和水师对停泊的英国船只和接济英国船只的艇船进行火攻，取得胜利，当时致函怡良，信中难掩夜袭获胜的喜悦之情："此次烧毁办艇，甚为痛快，不独寒奸之心，亦已落顽夷之胆矣。"五月初九，广东水师及水勇在磨刀洋火攻英船，烧毁了英人大小船艇十一只，英人被烧毙、溺毙、带伤跳水者不计其数，朝廷对这次行动也是大大的赞赏。就在林则徐刚刚看到了胜利的希望时，狡猾的英国人意识到了林则徐是个难啃的骨头，封锁海口武力威胁似乎在林则徐这里并不奏效，决定离粤北上。其实去年九月的时候，英国外交大臣巴麦尊就用密函通知了义律，英国政府已经决定进行侵华活动。

定海失陷，道光皇帝心中的天平彻底倾斜。

"咳咳"，寒露刚过，夜里有丝丝的凉意，让林则徐不禁打了一个寒颤。提起的笔，旋又放下。夜是越来越长了，冬天的寒冷也在慢慢地悄悄地迫近。日间的廷寄摊开在桌上，里面的一字一句刺痛着林则徐的心。此时的他心情复杂，对道光皇帝的指责想立马辩解些什么，却又感到欲辩无言。皇上已经不相信自己了，说再多又有什么用呢？可是如果不辩解，难道就任凭皇上这样误解自己吗？究竟应当如何才是？

　　一夜无眠。

　　不能就这样蒙受不白之冤。不，不仅是为自己，更是为了禁烟运动的前途，为了国家社稷。思考了两日，林则徐终于决定还是要为自己争辩一次，哪怕自己……忠言逆耳，如何才能让已生嫌隙的皇上重拾对自己的信任，写写停停，涂涂改改，一份奏稿竟作了两日。

　　九月十八日，怡良收到外封写有"护两广总督怡良开拆"字样的五百里廷寄，先是一阵纳闷，继而立马明白了什么。要不要告诉林则徐呢？怡良犹豫不决，早晚还是要知道的，不如早些告知吧。

"少穆兄，这个……"

"这是？"

"两广总督怡良"几个字映入眼帘的时候，林则徐知道了自己的那些争辩原来终究还是徒劳。看来道光皇帝终于做了决定，亲手扼杀了坚持了一年多的禁烟运动，要向英国人投降了。朝中投降派势力再一次占了上风，琦善更是借英国人之手欲对林则徐以沉重打击。

该来的，终于来了。

二十五日，日已西斜。林则徐收到了"交部严加议处，来京听候部议"的吏部文，道光皇帝在谕旨中说我原本期望你林则徐能肃清内地鸦片，断绝来源，谁知道自你查办以来，内有奸民犯法不能净，外有来贩者不能绝。甚至本年英夷船只在沿海游弋，导致福建、浙江、直隶等省纷纷征调，劳师伤财。虽然已经知道会是这样的结果，但在这一天真正到来的时候还是难免心中刺痛，拿着部文的手越握越紧，久久不能释怀。

唉，罢了，此次禁烟本就如履荆棘，自己已经尽力了，事已至此，再不甘心也没用了，当真是死生命也，成败天也。

林则徐离任两广总督的消息一出，广州的居民商户前来挽留者不计其数，有送明镜的，有送鞋靴的，有送颂牌的，有送香炉的。人们的挽留让林则徐倍感欣慰，望着写有"公忠体国""清正宜民""烟销瘴海"的颂牌，林则徐感慨万千，为国为民可以说是问心无愧的，但是鸦片还远远没有根绝，自己却要离开了。面对众人，林则徐不禁感慨。林则徐哪里知道，远在京城的道光皇帝似乎觉得上道谕旨中对他的指责太过轻描淡写，在这道吏部文刚发出去的第五天，就发了第二道谕旨。

没几日，第二道谕旨便到达广州。部文赫然写着："前派林则徐、邓廷桢在广东查办鸦片，乃时逾两年，不但未绝根株，转至该夷赴近畿呈诉冤抑，成何事体！已将该督等误国误民办理不善之处，降旨宣示。兹据吏部遵旨将该督等议以革职，实属咎所应得。林则徐、邓廷桢均著照部议革职。"

"误国误民，办理不善！"林则徐忧愤交加，不禁苦笑道。

窗外，大夜弥天。

西行遣戍

洛阳，阳春三月，春花烂漫，微风送暖。

城南，龙门香山寺。远远望去，冬季枯黄已渐渐褪去，绿色已悄然占据整个山头，处处颇显清幽雅致。路上游人如织，都是赶春潮赏花者，三五成群，时传笑语。林则徐与叶小庚太守驻足观望，欣赏着如此的美景。叶太守诗兴正浓，却忽然发现林则徐眉头紧锁。

"唉……"

"林公缘何如此叹息？"

"顾时事之艰，运数之奇，有不独关乎一身休咎者。今虽万里西行，而南望侧身，喟叹欲绝，尚敢希林泉之娱！"

"林公一心向国，圣上定会回心转意，起用旦夕耳，公自当宽心，稍待时日。今日得此佳山秀水，且将烦恼之事搁置脑后。"

"倘他日东归有期，彼时寰宇清宴，定当随君重游此处胜景。"

林则徐所顾虑并非空穴来风。就在一个月前，东河竣工，一同督办河工的大学士王鼎还上书道光皇帝让林则徐留在河工效力，为其争取免戍机会。王鼎始料不及的是道光皇帝却是铁了心，全然不顾林则徐治河之功劳。在他看来，如果不是林则徐禁烟太厉，惹怒了英夷，英夷就不会挑起战争。琦善等人又察言观色，利用道光皇帝对林则徐的抱怨，在道光皇帝耳边敲边鼓，一股脑儿的将脏水都泼在林则徐头上。道光皇帝御前授命的承诺早已忘得一干二净，此时一心念着要惩治林则徐。

从接到以四品卿衔赴浙江的谕旨到革去四品卿衔，从重发往伊犁效力赎罪，再到奉命折回东河查灾，林则徐的命运真可谓一波三折。尽管如此，林则徐心中还是抱有一丝幻想，听着"著免其遣戍，即发往东河效力赎罪"的谕旨，仿佛又看到了希望,他是多么期望能通过这次在河南查灾赈灾的契机来挽回道光皇帝的心,最起码让道光皇帝知道自己的忠心。在工地上,林则徐和士卒一起奋战,日以继夜,从冬天到春天,整整花了半年的时间,终于迎来了堤坝合龙的胜利。

合龙当晚,王鼎大开宴席,想要好好庆祝一番,每个与宴的人脸上都洋溢着喜悦,开封城总算是守住了。王鼎邀林则徐居首座,这决口堵住的功劳自是离不开林则徐的襄助。现实终究是残酷的,大家正在开怀畅饮之时,谕旨忽然到了。王鼎启旨读道:"上年降旨将林则徐发往伊犁效力赎罪,嗣因东河需人委用,将林则徐调赴河工差遣。现在东河合龙在即,林则徐著仍遵前旨即行起解,发往伊犁效力赎罪。钦此!"王鼎读罢先是大惊,随即愤怒不已,"圣上作如此决定,岂非……"座下,为庆祝高高举起的酒杯在听到结果后都惊讶地擎在了空中,大家一片哗然,纷纷为林则徐抱不平,扼腕叹息。于是,刚刚熙熙攘攘、开怀畅饮的酒席,顿时变得寂静起来,空气似乎早已凝固。

林则徐却很平静,他知道这道谕旨早晚会到,只是没有想到会不早不晚地在这时到来，击碎了所有由竣工带来的喜悦，扫了大家的兴。他曾不只一次设想过，河工合龙之后无非两种结果，一是因有功而免于遣戍，一是继续发往伊犁。对于前一种结果，林则徐几乎没有抱太大的希望，他似乎能窥见道光皇帝的心思，知道必然是第二种结果，所以这一日真正到来的时候，林则徐没有太过惊讶，虽然内心有少许的波澜和悲伤。

"少穆，圣上竟这般待你，我定要帮你讨回公道。"

"兄之好意，少穆心领了！圣意已决，恐难有改变了。"

遣戍并不可怕，可怕的是皇上不能辨别是非，国家的处境已经如此艰难，像自己这般的忠臣还要被放逐。这样的结果当初早已料到，自接下了禁烟这个烫手山芋起，林则徐就已经将个人安危、荣辱得失抛在脑后了。但不可料想的是，呕心沥血换来的却是"深负委任"和"废弛营务"的罪名。

路，终究还是要上。

王鼎依然沉浸在昨日圣谕的阴影里。

"洛阳亲友如相问，一片冰心在玉壶。"林则徐劝慰道，"公当保重身体，切莫因为我作不必要的抗争，现下时局如此，努力只是徒劳。相信会有一天，圣上自会明白。"

　　洪水如猛兽般吞噬着百姓的生命，所过之处，尸横遍野，鸿雁哀鸣。开封府的灾情时常浮现在林则徐的脑海中，前线节节败退的消息不时传来，精神上的打击和过度操劳击垮了林则徐，感染上了疟疾，由于病情严重，只得暂时留在西安治疗调理。

　　烈日炎炎，人人汗流浃背，林则徐却一阵阵的发冷。发冷的何止是自己的身体，还有自己的心！"唉，事已至此，只能尽快调理好自己的身体，继续遣戍之行。幸好有儿子陪伴在身边，否则，自己一个人不知道能不能撑得过去。也许很快皇上就会回心转意了。"林则徐躺在床上，身体冒着虚汗，胡思乱想着，不停地安慰自己。

　　在家人无微不至的照顾下，林则徐的身体渐渐好转起来。六月底，身体已基本痊愈。自入夏以来，西安城的雨水比往年增多，天像是被人捅了一个窟窿，雨一直下个不停，并且是接连好几天的下。屋漏偏逢连夜雨，自再次踏上西戍之路，身子越发像随行的马车，需要时时休整，才能勉强上路。如今，雨水偏多，行程一再拖延。看着雨水冲击过后地上的沟沟壑壑，林则徐禁不住又是一阵伤感，这多像自己被现实冲击的累累伤痕啊。因随行带了二十多箱的书还有一些纸帛，雨天不便行路，再加上天气闷热，启程的日子也是一再延后。

再过几日便是立秋了！一叶落而知秋，西北地区，一入秋，气温便要骤降了，接下来的路程就越发困难了。天公偏不作美，一大早，雨又下了起来，较之先前更加猛烈了，雨势连绵，致使咸阳河的水位一涨再涨，舟子眼看着暴涨的河水，早已停渡多日，远远躲到安全地带去了。

七月初五，中午过后天终于放晴，久违的阳光透过稀稀落落的树叶在地上留下斑驳的光影。看着久违的阳光，林则徐支离破碎的心情，在朋友家人的安慰下终于也有了一些光亮。大病初愈的林则徐在庭院里静静地踱步，不时地看看天空。"是时候启程了，谁说遭戍就不能继续发挥光和热呢，只要一口气尚在，就有希望。"

"舟儿，喊上彝儿和枢儿，去把行李收拾收拾，明日出发。"

"好的，父亲。"

"多准备些御寒之物，关外此时应该已经冷了。"

次日，晴空万里，林则徐早早起了床，这一次终于要走了，郑夫人默默地坐着。三月上旬，林则徐到达洛阳，听取了姻亲、时在洛阳任河陕汝道叶申芗的建议，让郑夫人领着家人从南京来洛阳，一家人刚在洛阳住下，生活眼看着要安稳下来，无奈造化弄人，姻亲叶申芗却病亡于任上。无依无靠的一家人，在洛阳又如落叶飘萍。南京已不能回，福州又远在千里之外，郑夫人一咬牙，便决定来西安，与夫君会合。西安入夏多雨，林则徐启程一再推迟，正巧使得一家人能在西安团聚。如今，一家人又要分离，况且这次分离，夫君林则徐是要到她不熟悉的关外伊犁。这不能不使她倍觉惆怅。大儿林汝舟身为朝廷之官，不得出关。林则徐只得让林聪彝、林拱枢陪同自己前往伊犁，其他人暂时侨寓西安。自己的两个门生方用仪任陕西粮道、刘源灏任陕西按察使，可以就近加以照顾，且西安与伊犁地近，可以及时互通信息。

"此一去不知何时才能归来，西行路途遥远，天气转凉，关外怕是比我们这要冷得多，务必要照顾好自己。"

"夫人不必忧心，路上有儿子照顾，该准备的都准备好了，不会有太大的问题。""希望圣上能早日回心转意，唉……""时候不早了，我们该启程了，夫人在此要好生照顾自己，我已拜托了石梧，如遇到困难之事，尽可去找他。舟儿也只能送我们一程，过几日便会回来了。"

西安城外，十里长亭，上自将军、院、司、道、府，下至州、县、营员三十多名官员在等候着。天气有些闷热，知了躲在树荫里，聒噪地叫着。大家默不作声，像是在想着心事。有的静静坐着，垂头丧气；有的远远地站着，时不时引颈向城门处望望。

"唉，林公一心为国为民，扬我国威，却落得遣戍伊犁……"不知是谁终于按捺不住自己的情绪，愤愤说道，打破了大家一言不发的凝重。"圣上如此待人，真寒了天下读书人的心。虎门销烟，天下士子无不为之拍案叫绝！""如今朝中小人当道，蒙蔽圣听。吾等还是要想想法子，不能让奸人得逞。"大家就着当前形势，你一言我一语议论起来。

"林公到了！"不知哪个眼尖的，远远地望见城门出来的马车，兴奋地喊道。

"林公来时，大家务必要高兴一些。"

正说着，车子已慢慢来到众人面前。"林某诚惶诚恐，有劳诸位在此久等，林某何德何能，敢劳诸位大驾。"林则徐远远望见众人在长亭外等候自己，便让儿子扶自己下马，上前作揖道。

"林公为国有劳，我等再次拜送公启程。此去万里，望公保重身体。吾等定联名上书圣上，为公讨一公道。"

"诸位大人！何害，苟利社稷，死生以之！"

"鲁酒一杯，我等恭送大人！"

劝君更尽一杯酒，西出阳关无故人。几辆大车渐行渐远，西安城终于消失在视野中。

林公为国有劳，我等再次拜送公启程。此去万里，望公保重身体。

乾州，夜，大雨瓢泼，雷电交加，不多时雨水就漫进了旅馆。一阵巨大的轰隆之声在一道闪电划破长空之后由远而近，轰的炸响，睡梦中的林则徐霍的一下坐了起来，但听得窗外雨大如注，如密织的网将夜笼罩起来，不禁心头一怔。自西戍以来，林则徐努力让自己不再想起往事，但这次他又不禁回忆起之前的种种经历，心里一次次问自己，销烟终究是自己错了吗？英夷对北京的发难，皇上的妥协，反对派的落井下石……"父亲，您没事吧！"听见声响，林汝舟赶忙叫醒弟弟一起过来探个究竟。林则徐这才意识到周围全是水，刚才一声惊雷，自己竟跌落到了地上。此刻积水成渠，雨势过大，屋墙有倾倒之势。看着雨水中的一切，林则徐心头闪过一丝不安。

　　一夜大雨过后，城外积水深达六七尺，车马皆不能过，本欲动身赶路的林则徐只得作罢，和儿子们重又回到了旅馆。这一等就是两日，度日如年，此间又听闻镇江失守的消息，林则徐忧愤不已，恨不能身赴前线。而此时镇江那边流言四起，人们到处在说朝廷又重新起用了林则徐，已带兵渡过了淮河到达了扬州，可惜这只是人们美好的梦想而已。

两日后积水消退，天刚蒙蒙亮，林则徐就叫醒了尚在梦乡中的儿子，几人用过饭后，检视了车辆，

"汝舟，就送到这吧，你是词臣，不能随我们出关，母亲那边也需要你帮忙照料。"

"二弟、三弟，路上要照顾好父亲。"

"放心走吧，如果不再遇上这样的大雨，应该不会耽误太久。"

离开乾州后，父子三人一路行过永寿、邠州、长武，进入甘肃泾州，后抵达平凉白水驿，入固原，过六盘山，至隆德。经过半个月的跋涉，终于来到兰州城下。

早在泾州时，林则徐已听闻英夷攻占镇江事，在兰州期间，他写信给友人姚椿、王柏心，询问相关情况。偏偏祸不单行，九月初一，行至甘州抚彝城，却听到签订了《江宁条约》。闻说条约中的种种不平等条款，林则徐一夜未眠。

四天后，父子三人行至肃州，受到当地官员的远迎。一路西行，林则徐显然苍老了许多，每行一

处，虽得到当地士绅的热情招待，大家纷纷为其遭遇鸣不平，但最可欣慰者是收到老友邓廷桢的来信，说已代为觅妥住处。虎门销烟后，二人同被发往伊犁，邓廷桢先林则徐到来。伊犁地处西北边陲，条件极为恶劣，听闻林则徐途中协助治理河道，邓廷桢原以为道光皇帝会收回成命，不料事情没有一丝转机，林则徐却因劳累而身体欠佳。看着圣心回转无望，便为林则徐寻觅一住处，以免到时无处落脚。

　　肃州西七十里便是号称"天下第一雄关"的嘉峪关。出了嘉峪关，便是茫茫塞外之地了。"羌笛何须怨杨柳，春风不度玉门关"，过玉门，经凉州、哈密、乌鲁木齐，接下来便进入伊犁界了，林则徐心里盘算着。远远望去，路皆沙碛，经常是数十里无水草，碎沙下有石头，车行戞戞有声。此刻林则徐却恨不得身长双翼，一下飞到伊犁。在那儿，老友邓廷桢正在等他。他是多么希望快点见到这位昔日共同战斗的老友啊，西北边陲的风沙岁月又有何妨。烽火熄江南，中原销金革，才是这两位难兄难弟的情愫！

风沙岁月

　　"春风不度玉门关"，这是唐代诗人王之涣笔下的诗句，如今地处大清边陲的伊犁，在广袤的河谷地带，冰雪融化汇成的涓涓细流所到之处，早已渐露鹅黄，这意味着玉门关外的大清边疆要渐次迎来春天。时为道光二十四年，林则徐在伊犁度过的第二个春天。

　　清晨的第一缕阳光透过窗棂，洒在林则徐手执的的信笺上，像温暖的手。信是老友邓廷桢从甘肃寄来的，仆役一大早就兴冲冲跑来交给了林则徐。去年七月，老友邓廷桢因身体有恙，道光皇帝以示自己宽大，体恤下臣，便将他召回授任甘肃布政使。自此，玉门关将这一对曾经并肩战斗，一起西戍的难兄难弟分割开来，一在玉门关西，一在玉门关东。

"咄哉此二老，长作寻盟鸥。"默念着邓廷桢的来信，林则徐不禁感慨万千。自来到伊犁后，邓廷桢给予自己的帮助实在太多，这种帮助既有物质的，亦有精神的。对林则徐而言，伊犁可留恋者，即因为有邓廷桢在，二人连同前东河道总督文冲以及当地官员，或对弈，或吟诗，或论事，以排遣遣戍之苦，时局之乱，皇帝之变。对老友的召还，林则徐既高兴，又伤感。临别之际，两双饱经风霜的手紧紧握在一起。老友生还入玉门，已是大幸，还有什么比这更高兴的呢！男儿有泪不轻弹，耳顺之年的林则徐不相信眼泪，望着年长自己十岁的邓廷桢蹒跚的背影，泪水竟夺眶而出。

半年过去了，朝廷也没一点儿消息，看来自己是无望了。邓廷桢被召回的那刻，林则徐心头还是闪过一丝希望的。他揣测道光皇帝在考虑邓廷桢放归时，定会将自己也考量一番。因身体原因，加之中途帮忙治理河道，自己延迟半年入伊犁，说不准半年后也能如老友一样，得到圣上的宽宥。"林则徐曾如此劝慰自己。自老友返归，诸人更是力劝林则徐搬到老友原来的寓所，以讨个好彩头。毕竟寓此屋者，多有获释之喜。但如今，当初的愿望慢慢变成了自己的奢望、老友的期望。半年来，时局纷杂，朝廷一味退让媾和，国家就像一只无助的绵羊，任意被夷人宰割。在老友邓廷桢入关后，文冲也获释入关调养。当初的好友一个个都获释了。如今真的是只剩下自己孤寂一人。

"父亲，您在屋子里呆了整整一上午了，出去透透气吧！"看着父亲一早上对着信笺发呆，林聪彝便进来催促道。在西行途中，林则徐身体就十分虚弱，来戍所后，因不适应当地的刺骨之寒，即患感冒，兼患流鼻血之症竟转而成为慢性病。因气血衰退，作字不过二百，看书不能及卅行，便力不从心。

"是该出去透透气了！"林则徐听着儿子的建议，揉了揉酸涩的眼睛说道。门外已是春意盎然，发源于东南的那喇特山的特克斯河，冰雪已经全消，淙淙的流水，静静地流着，在阳光的照耀下泛着金光，远远望去，像是一条金光夺目的玉带。去年春日，应绥定城总兵邀请，林则徐及两儿和邓廷桢父子曾到绥园看花，杏雨梨云给两位饱经风霜的老人留下了深刻印象，两人曾兴致勃勃地唱和《金缕曲》词，如今老友入关，自己归期尚遥遥无期。看着这大好的春景，林则徐不禁再次伤感起来：或许邓、文获咎只是随同，圣上所严惩者不过是自己而已，如此算来，归期安有？

是年，道光皇帝以塔什图毕等地垦荒颇有成效，便授意伊犁地区若有荒地可垦，一律奏办。伊犁地区阿齐乌苏原是八旗兵屯之所，后因无水灌溉，遂荒废遗弃。伊犁将军布彦泰经过勘查，上奏道光皇帝说有十万余亩荒地可垦，但开垦荒地仍以引水灌溉为第一要务。

灌溉所引河水最近者为哈什河，自该河龙口一段至乌合哩里克渠，长百余公里。林则徐听闻这一消息，便主动请缨，认修龙口一段工程，以报效朝廷。明白道光皇帝无意放归自己，林则徐特意在呈文中坦白：此次请缨，非在请求圣恩宽宥。道光皇帝猜疑颇重，又翻云覆雨，林则徐先前在家书中曾告诫家人切勿以捐赎一法来为自己脱罪。

林则徐负责的龙口一段，属于水渠首段。此段地势险峻，地理形势极为复杂。北岸是碎石陡坡，水傍坡流，南岸地势低平，水漫其上。针对这一地形，北岸需刨挖石坎以固，防止碎石因雨水而塌方下滑；南岸须建大坝以阻挡水势四处漫溢。林则徐自备口粮，带领民夫，驻扎于工地，经过四个月起早贪黑的劳作，终于建成一条六里长，三丈余宽的水渠，为阿齐乌苏荒地开垦的灌溉问题迎来开门红。九月，阿齐乌苏垦区水渠全面竣工，布彦泰亲自前来验收，望着这焕然一新的局面，想到明年春季灌溉问题已有保障，春耕有望，对林则徐不禁更加崇拜，加之自林则徐戍边以来，二人交往频繁，在他心中，林则徐不仅学问渊博，而且历练老成，非空言炫目之辈，深觉平生所见之人，未有出其右者。想到此，视察归来，便密上道光皇帝，说林则徐为难得之人才，不能将有用之材，置之废闲之地。或许布彦泰还不曾意识到道光皇帝的心结，此奏石沉大海。

在布彦泰上奏道光皇帝大约一个月后，道光皇帝下旨令他传谕林则徐前赴阿克苏、乌什、和阗周历履勘开垦事宜。布彦泰不明白等来的是此结

林则徐自备口粮，带领民夫，驻扎工地，经过四个月起早贪黑的劳作，终于建成一条宽阔水渠。

局，但圣命难违。

布彦泰还是想在自己力所能及范围内，让林则徐自己选择，就目前状况来看，林则徐的身体哪能吃得消长途跋涉，由北疆周历到南疆呢？

"林公，君欲远乎？欲近乎？"

"林某欲远！"

这着实让布彦泰吃了一惊。对林则徐来讲，自己一介病躯，尚思为国戍轮台，能够在边陲发挥余热，实是他梦想不到之事。

林则徐接到布彦泰传谕之后，想即刻动身，无奈人员尚未齐备，只得延宕半月。从伊犁到南疆地区，须折回乌鲁木齐，再沿路向南挺进。时为腊月，隆冬时节，新疆不似内地，天气异常寒冷，且昼夜温差大。因气温骤冷，加之身体一直未调养恢复，林则徐再次病倒，胃病又发作，呕吐不止，只得走走停停，到达乌鲁木齐已是春节过后。在此，林则徐收到了内地及伊犁等地友人来信。李星沅在信中询问林则徐接受勘查南疆垦田的缘由。林则徐认为，回疆自归入版图，虽有民人赴此，但只是经商，尚未定居。当今圣上倡垦荒，但对荒地给回户耕种又大动肝火，实是不了解事情来龙去脉。此次接受任命，恰可趁此机会，到一城查一城，将实情请布彦泰上奏。

元宵节过后，林则徐从乌鲁木齐出发，经过三日行程，于十九日到达吐鲁番。新疆地广人稀，每至一处，地域风貌大异于他地，与内地更是不相类。车马行至吐鲁番地界，林则徐注意到沿途多土坑，但见水从土中穿穴而行。询之左右，皆曰卡井，能引水横流，由南而北，渐引渐高。此地丰腴，皆此卡井水利之效。入城，只见道路两旁店铺林立，街道上却熙熙攘攘，气温也较他处为暖，路上行人鲜有穿重裘者。左右随行者介绍此地夏季酷热异常，人们多昼伏夜出，夜市颇为热闹。

天山山脉横亘东西，将新疆分割为南北两块。南北两地气候又因这一天然屏障而泾渭分明，北疆气温相对湿润温暖，高山、草原绵延千里；南疆干燥少雨，戈壁、沙漠一望无际。过了吐鲁番，就意味着即将进入南疆地区了，这里有茫茫的塔克拉玛干沙漠，虽然有几条大河穿越沙漠贯通南北，但空气中毫无半点水分。

一路南行，路多沙土，遇风扬起，人马顿时寸步难行。经过两个月的跋涉，林则徐终于到达库车城，勘查的第一站。还未入城，早已见山楼上列次站着回人乐手，城门一开，鸣金奏乐，顿时响彻全城。南疆处居住的是回部，人多能歌善舞。库车办事大臣札拉芬泰盛邀林则徐居住新署内宅。林则徐推脱不过，便随其入署中。此园曰环碧堂，园有巨池，池中水榭数楹，此时正值仲春时节，院内广种花草树木，柳眉已青，桃杏将花。一路行来，多是尘沙漫天，此处竟有如此风光，林则徐不禁精神为之一畅。此处所勘之地曰托依伯尔底，在城西南七十里处。因同往的喀喇沙尔办事大臣全庆尚未到达，林则徐便在署内休息了四日，以便同时前往。二月十九日，全庆亦赶到库车，同林则徐商定明日前往勘查，第二天，二人在札拉芬泰陪同下来到垦荒之地，遂周历四至，逐一丈量，计地六万八千余亩。

此后，林则徐又先后查勘了乌什、阿克苏、和阗、叶尔羌、英吉沙尔、喀什噶尔、喀喇沙尔七城的垦荒状况。至五月中旬，南疆八城勘查工作顺利完成，共丈量土地五十七万八千余亩。在勘查过程中，林则徐详细记载了各地风土人情，地理地貌，并以此与全庆商讨了新垦荒地的屯种方式，进一步坚定了在南疆地区推广回屯的决心。在给长子林汝舟家书中，林则徐一针见血地指出，朝廷将田地给民户，无非是为边防之计，而新疆之所以作为边防，是为防境外之国，而非防回部之民。在南疆设回屯，反而有利于加强西陲边境的边防力量。

五月初，林则徐接到布彦泰书信，得知布彦泰于四月底上道光皇帝折中特意附保举自己，随着南疆勘查的完成，林则徐先前抱定无望的心忽然又被惊起一片涟漪。便回信布彦泰，拟由喀喇沙尔勘地后就近赴吐鲁番、哈密，以疗治鼻血之疾。抱定此次定会得到道光皇帝宽恕入关，林则徐不等布彦泰回信，便踏上了回吐鲁番、哈密之路。

一个月过去了，杳无音讯。

两个月过去了，仍无动静。

七月中旬，林则徐行至哈密，因此处已奏开垦之事，林则徐不便再向东前行，只得逗留于此，拟作打算。七日后，终于传来消息，但内容却是林则

林则徐详细记录了各地风土人情、地理地貌，找寻新垦荒地的屯种方式，进一步坚定了在南疆地区推广回屯的决心

徐不希望听到的。

一个月后，林则徐接到谕旨，令自己与全庆勘查伊拉里克垦地状况。无奈，林则徐只得折回吐鲁番。命运之乖，曷可勉强？

在接下来的几个月里，林则徐又忘我投入到了伊拉克里垦地及其水渠修建的验收工作之中。对于道光皇帝召回自己与否早已抛之脑后，在林则徐看来，只要自己上可对朝廷，下可对百姓，中可对僚友，即可，何必计较关内关外呢！在他心目中，早就种下"万里穷边似一家"的种子。

远在千里之外的京城，布彦泰接连的奏报，叙说着南疆垦地测量的亩数，林则徐自备资斧，前往南疆八城勘查。看着奏报，道光皇帝似乎心有所动：虎门销烟，曾经让自己腰杆挺得很直，但事态的发展，又让他感觉用错了人，逞一时之快，最终给自己酿了一杯苦酒。三年之间，爱新觉罗氏先祖打下的江山基业，似乎在一直走下坡路。谁之错？

"着饬令回京，加恩以四五品京堂候补！"道光帝终于同意！

宝刀未老

　　鸦片战争后，手忙脚乱的道光皇帝原本以为在签订了一系列不平等条约后，可以稍稍舒一口气了。他一生节俭，身上的龙袍都是洗了又洗，虽然心疼国库白花花的银子因自己看错了人而无端入洋人口袋，但为了自己的祖宗基业也就忍痛了。他哪里知道，远在西南边陲的云南，正一道接一道的折子飞向北京。外乱未平，内乱又起，道光帝一时间如坐针毡，心烦意乱。

　　究竟该派谁去，道光皇帝又开始纠结了。云贵地区，西南边陲重地，这个千疮百孔的国家已经经不起折腾了，务必要找一个经验丰富的人。道光皇帝下意识里的第一反应是派林则徐去，林则徐似乎总是能帮他解决燃眉之急。

补授林则徐为云贵总督，并谕令立即赴任，毋庸来京。

又是一个烫手的山芋。

去年十一月，林则徐因患病申请开缺，准假三个月，如今销假回来一个月，赶上大旱，正思考着抗旱之法，不料却收到道光皇帝谕旨。林则徐不禁黯然，去年开缺，原本是趁此引退，不料皇上未批准，反而让自己即赴任地。这次任命，本想借此机会北上京师，一则当面谢皇上再造之恩，一则想在京城延请名医治疗自己的顽疾。看来，只能遵命西南行了。

"上次西南之行，还是二十八年前，自己充任云南乡试主考官。不料，今生能再次亲赴西南，不过这次等待自己的不是遴选士子，而是处理陈年的暴乱。"林则徐叹息道。"夫人身体大不如前，近来一番调理，虽勉强精神，但岂能经得起长途跋涉的旅途劳累，三个儿子都不在身边，只有小女侍奉，无人能扶送回闽，只得让夫人和小女一同涉险了。可是，自己和夫人的身体，唉……"林则徐不禁又深深叹了一口气。

事已至此，没有能比遣戍更糟糕的了。所以，出发吧。

一路颠簸赶路，艰险万分，终于抵达昆明，时值道光二十七年六月，正是夏日最为炎热之际。二十八年前，林则徐出任云南乡试主考官，那时的他从北京出发，送行者络绎不绝，一路上作诗唱酬，写景怀古，可谓意气风发。初临昆明，满眼皆是西南地区独有的峻绝奇秀之景。曾经到来时的秋日暖阳换做如今酷暑中的烈日，炙烤着苍老多病的身躯，看着身边疲惫不堪的郑夫人和小女，心中五味杂陈。

这是道光皇帝重拾对自己的信任，务必要平定此次回汉之乱。安置好一切，林则徐开始了深入调查，有着多年实践经验加之刚镇压了西北地区藏民的暴动，林则徐相信自己这一次也是可以的。

要想彻底解决回汉互斗，必须先撇开一切成见，理清楚事情的来龙去脉。林则徐特意派先前未曾参与此事的道台、知县王发越等人前去明察暗访，以弄清案件的原委。

云贵为边陲重地，少数民族聚居杂处，各民族宗教信仰、风俗习惯多有不同，民众常因生活细琐之事发生口角。早在道光二十三年，顺宁、云州汉回互衅，永昌回匪马四率领回众百人前往助战，得贿归，归日于城内炫耀其兵器，意在恐吓汉人，而汉人始疑，皆欲自为备，乃制刀矛火器，潜结党羽，烧香结盟为会，成立香把会。汉有党，回亦有党，党既众，地方官不能捕，亦不敢问。是年七月，回民木老蛮等殴伤汉民张忠，张忠是一香头，其会众闻后，顷刻集结数千人，声言杀回，回民亦哗然聚众，后经汉回之绅耆调节言和。冲突中，汉民杀回民一人，回民亦杀汉民一人，府县以人众不作追究，后又以纠众滋事，置马四、木老蛮等于法，而张忠置不问，因是回民愈怒，汉人愈张。于是私毙人命、擅拆房舍、侮辱绅耆、抗拒官吏时有发生，回汉几成水火不容之势。

道光二十五年三月，有陕甘籍回匪八人来到永昌府保山县板桥街，教习回众枪棒。一晚，此八人于茶肆内唱曲，言语中似带有讥讽汉人的意味，汉人好事者遂与之发生口角，继而大打出手。然八人为习武之人，汉人斗八人不过，奔走哭诉于武生范仲之门。范仲乃板桥香首，有二人为其左右手，一是其弟武生范春，素无赖，一是文生张杰，向来阴狠。二人立马召集人手去寻那八人复仇，去时人早已无踪迹。为了泄愤，范春等遂将回民的清真寺拆毁，其后又将回民的房舍烧毁，并将其财物一并抢掠。回民张世贤、武生丁永年商议报复，从而引发回汉互斗。

当地官吏不问缘由，一味地采取"助汉灭回"政策镇压回民反抗。金鸡村练总沈聚成率练丁至回村纵火焚屋，肆意屠戮，外匪死者约有十余人，本处回民被杀者不下三百人。自是而后，祸愈大，仇愈深。七月，张世贤等复纠集千余人，沿途焚毁汉民二百余寨。八月，占据丙麻，去城仅六十里，城中震恐。迤西道罗天池、知州恒文与沈聚成等商议，以肃清内应为借口，九月初二日在永昌城内大肆屠杀回民，火焰蔽天，人声震地；尸积而路填，血流而水赤，凡回民居皆为瓦砾场。

时为云贵总督的贺长龄得讯，采取"助汉杀

回"的政策，派提督张必禄等率兵进剿"滋事回匪"，并亲自到永昌督办。事后，贺长龄将为首的张世贤及范生惩办，但相关涉事人员如罗天池、恒文等非但没被惩治，反而受到奖赏。这使得回民心有不甘，便寻思报复。后来贺因处理此事不当而被调任，继任李星沅调集官兵，加大围剿力度，将回民武装围剿殆尽。回民武装各处残余转而藏匿各地，伺机起事，各地小规模冲突时有发生。

了解到事情来龙去脉后，林则徐认为此事断不可用兵，官府一旦镇压，处理不当即为各处寻衅滋事留下口实。但若要一味追查，势必骑虎难下：查汉人，则汉人认为官府保护回人；查回人，则回人认为官府保护汉人。此事关键在于区分良匪，而非区别对待汉回，因二者都是良莠混杂，又其中有歹人从中挑拨，使得事情千头万绪，越理越乱。当务之急在于使流窜各地的回民返乡，有产者返其产，无产者予以补助。云南地处西南边陲，要想此地长治久安，只有以汉保回，以回保汉，才能事半功倍。无论汉、回，皆大清子民，民为邦本，只有不分汉回，惩治那些不法之徒，西南才能实现长治久安。在此"弹压"和"化导"相结合的治理宗旨下，林则徐决定亲临各地，一探究竟。

此时，因贺长龄采取的极端镇压手段，造成大量回民被杀戮，幸免于难的回民丁灿庭、杜文秀便去京城告状，道光皇帝批复皆由滇都复查，二人陆续被解到昆明。道光二十七年，为缓解回汉矛盾，林则徐决定亲自审问，令永昌府解押被告"香把会"首领周日庠前来对质。官役解押周日庠等走至保山县城外，官路两旁忽然跃出一群匪徒，将一行人团团围住，扬言要带走周日庠。这群匪徒是"香把会"成员，是附近金鸡村练头沈聚成手下，沈害怕周日庠到昆明对质会对己不利，便想出半路劫走周的主意，遂派其义子沈振达带领一帮香练匪徒埋伏于此。劫走周日庠等一干人后，第二天，这一群亡命之徒借着昨日一不做二不休的匪气，冲入县城，一把火将县署烧个精光，围困官吏，劫了牢狱，大肆屠杀回民，把整个县城搞得血流成河。而后截断江桥，断绝与外界的进出要道，并伪造公文，说周日庠等人行至官坡，因闻前有回民拦路抢劫，便央求暂缓押解。回到城内，当地人民纷纷求情，由于街上人多，致使周等走散。城内回民便乘机放火焚烧县署，劫了牢狱。城内汉人因参与救火，结果多被回民戕害。

林则徐看着保山县发来的公文，当下怀疑事情有诈。他素知当地汉人多入"香把会"，想到此次解押可能会出事端。此时邻境文武又传来消息，述说保山县发生的暴乱。林则徐当即下令，遣弁兵差役前往探查。想到此次事件非同小可，劫匪打砸官员，焚烧官署，性质已非同聚会抗议，决定派师前往镇压。一方面敦促保山县匪徒交出首犯，缴还劫掠的官府军械；一方面告谕回民，且莫趁乱复仇。

林则徐预备亲赴大理督办此事，便从昆明出发。此时赵州弥渡爆发了沙金陇领导的回民起义。起义军攻破弥渡城，击败当地团练，杀伤知州、都司等官员，此后又攻占了附近的皂角营寺、城北甲沙坝等各村寨，及陆家、杜家等营。林则徐行至楚雄，得知赵州弥渡回民起义，便决定先镇压此处回民起义，再前往保山。

弥渡栅外，两千名清军正在安营扎寨。栅内只见头裹白布的回民手持大小白旗，虎视眈眈地望着栅外的官军，在他们看来，官军与汉人沆瀣一气，都是为杀戮他们而来。随着一声令下，清军对弥渡栅发起进攻，回民则坚守在清真寺，双方势均力敌，迟迟不见胜负。由于对地理不熟，官军在一段时间后便败下阵来。指挥官见局势受挫，下令火攻，霎时间寺内火光冲天，回民被烟火呛得一个个爬上屋顶，最后慢慢没有了招架之力。官军乘胜进城，大肆搜捕。

镇压觅渡回民起义后，林则徐移驻大理，全力镇压保山练匪。此时，逃难永平的保山受害回民，不断制造事端，袭击过往人群。林则徐决定兵分两路，一方镇压永平回民，一方进入永昌，弹压保山练匪。在大军压境的局势下，保山汉族终于放弃反抗，将周日庠、沈聚成解押送官。至此，原告、被告都已到齐，该重新审理"回汉互斗"的来龙去脉了。四月，林则徐回到大理，便着手审理此事。

"何敢屠杀多人？"林则徐厉声问沈聚成道。

"小人系奉文武官命令！"

"你一介草民，怎敢如此滥杀？文武官自会为此负责，你也难逃法网。"

最后，判处沈聚成死刑，屠杀保山回民的主凶、前永昌府知府恒文的长随黄溃死刑，恒文改判革职，永不叙用。

在林则徐着手办理此案时，郑夫人因病情加剧，于是年十月十五日溘然长逝。自林则徐遭戍伊犁，郑夫人自己带着家人从南京一路奔波至洛阳，后又至西安。一年前，林则徐授命云贵总督，郑夫人更是毅然踏上万里路程，带病陪伴丈夫从西安来到昆明。因沿途受累，到达昆明后，病情一日日加重。林则徐在鸦片战争后几经沉浮，正因为夫人的陪伴，才使他在宦海中倍感欣慰。林则徐从伊犁还后，一次次想辞官归乡，夫妻二人归耕以颐养天年，谁料夫人不待归耕先撒手。更心痛者，只有小女在眼前，暮年遭此，情何以堪！林则徐连夜通知三个儿子来滇奔丧。道光二十九年八月中旬，在长子林汝舟等的陪同下，林则徐带着夫人的棺柩，东归返闽。

扶着夫人的棺柩，想到先茔未亲祭者已二十年，不禁感慨万千，而二十年来，国事日非。此次开缺卸任，皇上谕旨中颇多闪烁。"壮志不随华发改，孱躯偏与素心违。"望着滇中同人，林则徐拱手拜别。

大星南落

福州,文藻山房。庭院里,两只鹤正悠闲地来回踱着步,时而低头理翅,时而昂首一鸣。一群孩子围着天井追逐打闹,听见鹤鸣,时不时地停下脚步,用手捏着脖子,"唧唧⋯⋯"的学着,不时发出咯咯的笑声。院子里前来观鹤的是福州城里著名的士绅郭柏苍兄弟,主人则是解甲归田的林则徐。

道光二十九年,林则徐因病情加剧开缺回籍就医调治,于次年三月回到福州城。宦海几多沉浮,归隐山林依旧是他心中萦绕不去的梦想。文藻山房里,林则徐小心翼翼地将父亲的《饲鹤图》悬起。文藻山房,父亲分给他的家产,林则徐觉得这是父亲留给自己的一份礼物，此刻顿然明白，父亲是理解他的，一直都是！

山房平日少有人来，这并非众人不知林则徐归来，而是林则徐身感精力大不如前，这次既然是养疴回籍，断不可多交游，让朝廷误解。平日来访者，都是自己的至亲好友，福州郭氏即是其中之一。

盛夏里的一日，林则徐正在休憩，忽听得门外一阵急促的脚步声，门外家仆禀报郭柏苍来访。"林公，两广危矣！"郭柏苍说道。"两广地处南疆，且多烟瘴之地。自英夷在广州开埠通商，白银大量外流，加之自道光以来，灾害频仍，造成生民流离迁徙。洪秀全，本是一介书生，却因连年科举蹭蹬，啸聚山林，集合一批乌合之众，藉夷人之教，妖言惑众，势已难挡，朝廷已问罪几位大员，无奈收效甚微。看来，世道又要不太平了。"

"粤匪之乱，蔓延未缉，多缘地方官员渎职懈怠。朝廷必择一素有威望之将帅，方能消弭兵戎。如此，则是生民之福。"林则徐沉思良久，说道。

洪秀全集结杨秀清等人造反之事，林则徐近

半年来多有听闻，其中多以讹传讹之辞，相传洪秀全自诩为西方耶稣之弟，在各地结盟拜会，宣传邪教，践踏神明。更有甚者，其人竟自称天父上帝真命天子，统管天下万国人民。

林则徐不知道的是，正在此时，朝廷的谕旨正快马加鞭，由北京驰往福州。

就在九月，针对广西局势的不可收拾，通政使罗惇衍上书，请求起用林则徐，前往广西镇压洪秀全等人的叛乱。

郭柏苍带来的消息，自己刚才的一番言语，在郭柏苍告辞后，林则徐内心还久久不能平静。自三月回乡以来，坏消息接踵而至，压得他喘不过气来。刚进福州城，林则徐就得知一个晴天霹雳的消息，圣上两月前驾崩了！这使他一下瘫坐在轿子里，半晌竟没有缓过一丝气力下轿，眼泪瞬间模糊了双眼，三十年来君臣交往历历在目：知遇、信任、降级、遣戍。自古伴君如伴虎，林则徐相信圣上是懂他的，这是他决定出仕后，一次次面对贬谪时的激励话语。如今圣上驾崩了，自己的政治生涯可能就此画上句号了。年前自己因病情恶化祈求归籍休养，圣上还传谕自己要保重身体，想不到竟成永诀。

休养文藻山房，林则徐打算过起青年时代一直向往的归隐生活，静息心神，为此他特意撰写了一副对联："郊原雨足云归岫，台阁风清月在天。"

归隐何其难！

福州城已今非昔比，江河日下，民不聊生。洋烟、花会、举商继之以捐资使人民境况雪上加霜；两广人民迫于生计，盲从歹人妖言，暴动已露端倪；京师，权臣当道，蝇营狗苟，结党营私……

所有这一切，在林则徐看来，源头之一便是外夷入侵。自虎门销英夷鸦片以来，林则徐即一直思考御敌之道，此次调养归籍，面对福州城中英夷妄图进城租住城内积翠寺、神光寺一事，使得林则徐重燃斗志，虽然他知道官场规矩，作为归籍官员，不宜直接干涉地方事务，出于责任，他还是与福州士绅联名上书福建巡抚，表达自己的意见。

九月二十八日，圣谕不期而至，自九月十三日通政使罗惇衍上奏咸丰帝起用林则徐,到圣谕抵达福州城,仅用了半月时间。看来,朝廷已感觉到粤匪一事迫在眉睫了。林则徐从圣谕的语气里意识到事态的严重,先前风言风语,他也一度以为一群暴徒,难成气候,看来自己也小觑了。

入秋以来,洪秀全与活动于广西的天地会联合,打着"反清复明"的旗帜,连下浔州府明江县、宁明县,声势逐渐壮大,巡抚郑祖琛意识到纸终究包不住火,便上奏朝廷,介绍了事情的来龙去脉。广西暴乱的蔓延、失控,登基不久的咸丰帝阅完广西各地上奏后寝食难安,便几百里加急,先后派遣两广总督徐广缙、陕西提督向荣负责剿匪,但各路剿匪官军接连吃下败仗,奏报像雪花一样涌向京城。

"彝儿,速取为父帖子,请芗溪前来一叙。"接到圣谕的第二天,林则徐一大早便吩咐次子林聪彝道。

林则徐所说的芗溪,指的是林昌彝。林则徐奉命前往广州销烟时,林昌彝就是自己的支持者之一。此次在籍休养时,林昌彝也恰逢乡居,便成了林则徐的座上客。在处理英夷进驻福州积翠寺、神光寺一事上，林昌彝亦支持自己的观点，并针对福州城反英入城，著有《平夷十六策》《破逆志》等书出谋划策。不仅如此，林昌彝还改自己的楼为"射鹰"，楼中悬挂《射鹰驱狼图》。早些时日，林昌彝将自己的上述著作请林则徐斧正。对这位乡晚辈，林则徐十分欣赏，认为破夷之策规划周详，可称尽善。此次约他前来，林则徐想在临行前将福州城中的事，尤其是英夷入住福州城之事交代一番，以免自己赴任后，巡抚会有所懈怠，致使事情有变。

临别，林则徐取出信笺，上面所书正是壬寅赴戍登程时口占的两首律诗《赴戍登程口占示家人二首》。另附言道"芗溪兄，此次奉圣上之命，吾当马革裹尸。兄编纂射鹰诗话，既博既精，弟奉上改定拙诗二首，愿作续貂，且以致自勉。兄，命世之才，将来定大用于世，所待者，时耳！"

"著即星驰就道，荡平群丑，绥靖严疆，毋违朕命。"

自归籍以来，林则徐所服之药不下百余剂，然收效甚微。医生建议最快也要再服一个月，才可放心就道。

箭在弦上，林则徐哪能等得起呢！

事发突然，林则徐只休整了三日，毅然决定十月初二日启程。这次赴命，他只打算带次子林聪彝和幕客刘存仁前往。轻装上路，方可以最快速度到达广西。

福建至广西驿路，最为便捷者先由闽南之泉、漳至粤，再由肇庆前往。

孟冬时节，福州虽地处东南，早晚温差亦渐次分明，时值三更时分，气温骤降，林聪彝不时站起活络一下冻得发麻的脚，双手捂着口，使劲的哈一口气，以驱挡凌晨的寒气。父亲还没有休息，他已经催促过几次了，以父亲当前的境况，是不适合熬夜的。几日来，昼夜兼程，人困马乏，雇用的人役早已在房间鼾声大起了。

"父亲，该歇息了，已经子夜了，明早还要赶路！您的身子……"林聪彝估摸已是子时，看着埋头整理"粤匪"情况的父亲，禁不住再次催促道。

"彝儿，尔尚记往岁冰天雪窖昼夜奔驰之时

"父亲，该歇息了，已经子夜了，明早还要赶路"，林聪彝看着埋头整理
粤匪情况的父亲，禁不住再次催促。

乎？以今比昔，近日之旅途劳累乎？"林则徐所说是昔日遣戍伊犁事，西北昼夜温差悬殊，冬夜寒风肆虐，林聪彝陪同父亲，一路西进，习惯东南气候的林氏父子，戴罪之身，加之物质条件所限，可谓饱尝人间酸楚。"苟利国家生死以，岂因祸福避趋之。"父亲顿了顿，"是诗是当时口占示尔等，今为父愿再以此自勉。"

　　"大人，前方即是漳州城，是否休整一番再赶路？"幕僚刘存仁见林则徐蜷缩轿内，豆大汗珠如雨般滚落，便建议道。三天日夜兼程，已经赶了足足六百里路，加之睡眠不足，使得林则徐身体严重透支，终使旧疾复发，疝气下沉引起的疼痛，脸上不时出现痉挛。听见刘存仁如此说，林则徐挣扎着抬起头，"不必，我还能坚持。赶路要紧！"七日来，林则徐大部分时间都在赶路，官道虽多有人迹，但因常年失修，道路坑坑洼洼，一路颠簸，人之五脏六腑顿觉错位。每日停驻休息，林则徐更是争取每一分秒研治方案，先前对广西暴乱具体细节尚不清楚，为了能够保证指挥的科学性，必须在赶到广西前全盘掌握暴乱的一切近况。

林则徐蜷缩着身子,旅途劳累、疾病缠身、国事之忧使得这位六十六岁的老人苍老了许多。在诏安行辕,林则徐终于示意众人停顿休整,他原本是打算继续赶路,但看着车夫、轿夫显然已精力不支,意识到如果再这样下去,恐怕众人也因此累倒了,欲速则不达。连续十天的赶路,确实把众人累得够呛!十二日,当林则徐准备催促众人出发时,发现役差已如同弱兵残将,骡马也已瘦骨嶙峋,各类物资补给更是少的可怜。

连日的赶路,舟车劳顿使林则徐病情加重,先前的脾泻旧症也复发,一路走走停停,脾泻时断时续,消耗着林则徐的精气。更不乐观的是,十三日夜,竟上吐下泻并发了。林聪彝几番请求停驻小憩,以便延请当地医生,问诊寻药。自来就是祸不单行,此刻广西加急军情一波紧跟着一波,从广西各个县城,沿着驿站,反向奔赴而来,最终汇聚在赶往广西的马车上,叠放在林则徐枕边。

"彝儿,现在到什么地界了?"林则徐揉了揉双眼,望着窗外蒙蒙亮的天空,问道。近来虽旧疾新病交作,林则徐却丝毫没有一丝懈怠。广西源源不断而来的军情，使他越来越意识到事情的复杂性与严重性。

"父亲，前方就到潮州了。"

"快到潮州了！"林则徐不禁一番感慨，想到唐代的韩愈，眼前燃烧起一团熊熊大火，大火中屈辱、妥协、犹豫、连同火光中散发的恶臭，随着石灰爆裂的声响，慢慢消散……"欲为圣明除弊事，肯将衰朽惜残年。昌黎先生为国祚之永，上表劝谏，被谪潮州刺史。自古忠言逆耳，昌黎身处江湖，心存魏阙。临行作《左迁至蓝关示侄孙湘》以表心志。臣四十年来蒙圣主知遇，受恩深重，岂以微躯为念耶？"

徐广缙接朝廷任命，得知林则徐将前来助剿，心下窃喜，林则徐三朝为官，颇以果敢著称，此次前来助剿，何愁粤匪不清。便去函介绍粤西近况，并咨询剿匪之策。

十月十六日，普宁城下。冬日的阳光异常明亮，直刺人的眼睛，几辆马车在呼啸的马鞭声中由远而近。一骑马的仆役先于马车，一溜烟就闪进城内去了，只留下马蹄踏起的尘土弥漫在逼仄的道路上。

平日门可罗雀的普宁行馆今日到处挤满了人，林聪彝、刘存仁焦急地站在门外，不时向房间内张望，像是等待某个人。站在他俩边上的是潮州知府刘浔，他静静地待在门口，但脸上也分明写满了焦虑。

"大夫！家父有无大碍？"随着"吱嘎"一声，门开了，林聪彝一个箭步抢上前，抓着大夫的手询问道，大家也一股脑走上前，眼睛里闪着光亮，像是等待许久的病人等来了起死回生的灵丹妙药。

"大人积久虚劳，心脉已散，恐怕百药罔效。此刻惟有安心调养，再作计较。且不可再有积劳之举。"

林则徐静静地躺在床上，阳光透过窗棂，撒在他的脸上。他越发消瘦了，高高的颧骨像是一个打不垮的战士昂首傲立着。眼睛在阳光的映照下，依然炯炯有神，透露着一股刚毅。忽然，胸口像是被什么东西卡着，眉头锁了起来，双手有气无力的捶着胸口。紧接着便是一阵接一阵的裂肺般的咳嗽声。

"彝儿，取笔砚来。"

"伏念臣筮仕四十年，历官十四省，仰荷三朝知遇，受恩深重，报称毫无。惟此尽心竭力之愚诚，永矢毕生，虽一息仅存，自问不敢稍懈。……唯念两粤进兵各处，臣未及躬往督剿，但期将士一心，战守并用，能坚壁而清野，终扫穴而擒渠，自必仰禀宸谟，上纾宵旰。则臣虽死之日，犹生之年矣。"林聪彝强忍着泪水，颤抖的手记录着父亲一顿一顿的口述。口述毕，林则徐长长地舒了一口气，听着儿子复述着折子内容，他再次昏睡过去了。

林则徐只觉得困惫异常，眼睑像是被人注了铅，一个劲的向下垂。一闭上眼睛，眼前便浮现出一个个画面：举着旗帜的乱民，身穿龙袍的大行皇帝，疾驰的马车，西北的大漠孤烟，滚滚的硝烟，昏黄的壁灯下簇拥在一起的家人……

"星斗南……"十九日辰刻，林则徐忽然从昏睡中惊醒，盯着帐子疾呼道。语毕舌塞气促，溘然兴逝。

几个月后，普宁行馆西南方的广西金田，原本如鸟兽散的人们，在听闻林则徐去世的消息后，再次啸聚山林。

一场腥风血雨即将光顾这摇摇欲坠的帝国大厦。林则徐未曾知道的是，给洪秀全以宗教启发的那本小册子《劝世良言》，它的作者梁发，正是自己在虎门销烟时聘请的译介西方知识的幕客梁进德之父。

林则徐
生平简表

●◎**清高宗乾隆五十年**（1785）

七月二十六日（1785年8月30日），生于福建侯官左营司巷。父林宾日，母陈帙。

●◎**乾隆五十三年**（1788）

父林宾日参加乡试，未中，就馆于罗氏。从父入塾读书。

●◎**清仁宗嘉庆二年**（1797）

应府试获第一。父林宾日成贡生。

●◎嘉庆三年（1798）

中秀才。求学鳌峰书院。与妻郑淑卿订婚。

●◎嘉庆九年（1804）

秋，参加乡试，中举第二十九名。与妻郑淑卿结婚。十二月，赴京会试。

●◎嘉庆十一年（1806）

秋，应厦门海防同知房永清之聘，任书记。注意到鸦片流毒之甚。

●◎嘉庆十二年（1807）

春，入福建巡抚张师诚幕，司笔札。

●◎嘉庆十六年（1811）

春，第三次参加会试，以二甲第四名成进士，授翰林院庶吉士，习清书。

●◎嘉庆二十五年（1820）

四月，授任浙江杭嘉湖道。七月，抵杭州接任。

●◎清宣宗道光三年（1823）

正月，升任江苏按察使。十月，离苏州赴京觐见。十二月，返苏，署江苏布政使。

●◎道光四年（1824）

母卒，丁忧奔丧。

●◎道光七年（1827）

父卒，丁忧奔丧。

●◎道光十年（1830）

正月，父丧服阕。八月，抵任湖北布政使。十一月，授任河南布政使。

●◎道光十一年（1831）

二月，就任河南布政使。七月，调任江宁布政使。十月，擢任河东河道总督。

●◎道光十二年（1832）

二月，调任江苏巡抚。六月，在苏州接任江苏巡抚。

●◎道光十七年（1837）

正月，授任湖广总督。三月，抵湖广总督任。

●◎道光十八年（1838）

九月，清廷命进京觐见。十月，离湖广总督任，启程晋京。十一月初十，抵京。十一月十一日至十八日，道光帝召见八次。十一月二十三日，离京赴粤。

●◎道光十九年（1839）

正月，抵广州就钦差大臣任。四月二十二日，虎门销烟

开始。五月十五日，销烟结束，计化烟土二百三十七万六千二百五十四斤。十二月，任两广总督。

●◎道光二十年（1840）

九月，以"误国误民，办理不善"的罪名被革职。十月，奉旨暂留广东，以备查问差委。

●◎道光二十一年（1841）

三月，清廷命以四品卿衔赴浙。五月初十，被革去四品卿衔，发往伊犁效力赎罪。九月，在河南河工工地查灾。

●◎道光二十二年（1842）

二月，东河竣工，仍由工次发往伊犁效力赎罪。七月，自西安出发赴戍。十一月，抵达伊犁。

●◎道光四十五年（1845）

九月，清廷命回京以四五品京堂候补。十一月，奉命署任陕甘总督。

●◎道光二十七年（1847）

三月，授命云贵总督。六月，抵滇任云贵总督。

●◎道光二十九年（1849）

六月，因旧病复发加剧请开缺回籍。九月，离滇归闽。

●◎道光三十年（1850）

十月，清廷任命为钦差大臣，赴广西镇压拜上帝会起义。十月十九日（1850年11月22日），病逝于潮州普宁县行馆。十一月十二日，清廷"晋赠太子太傅衔，照总督例赐恤，任内一切处分悉予开复"，谥"文忠"。